四季ごよみ食彩

目次

春

夏

秋

冬

春

鯛の巻繊蒸し《たいのけんちんむし》

一年中出回っている鯛ですが、旬は冬場から春先まで。今回は、鯛を使った「巻繊《けんちん》蒸し」です。巻繊は、豆腐や野菜を油で炒め、しょう油仕立てにした本格的な和食。中国から禅僧がもたらした普茶料理（江戸初期に伝わった精進料理の一種）です。「繊」を「ちん」と読むのは唐音で、日本では、その中身だけ取り入れた料理を「けんちん」としています。また、食材の中の木茸《キクラゲ》は、夏から秋に山地の倒木などに群生し、中国料理によく使われます。

作り方

①鯛の切り身は、皮目を上にして横2枚にスライスし、薄塩を

あてる。
②豆腐は5分ゆでてざるに上げ、水を切る。長芋は皮をむき、酢水に浸し、アク止めして10分ほど蒸し、ともに裏ごししておく。
③ニンジン、ゴボウ、シイタケ、キクラゲは千切り（2～3㎜幅のマッチ棒大）にして水に浸し、水を替えながらアクを取り除く。それを八方だし汁で煮含め、味が付いたころ火を止め、そのまま冷ましてざるに上げる。
④ボールに②を取り、硬さを見ながら溶き卵を加えていき、③とグリーンピースを加えて味加減を見る。これを20分ほど冷蔵庫で冷ます。
⑤日本手ぬぐいを洗い、固く絞って台にシワが入らないように広げ、上にラップを広げる。鯛の身を長方形に並べ、ハケで薄くまんべんなくかたくり粉をはたき、④の生地（けんちん地）を乗せ、かまぼこ板など使って角を立て、形良く長方形に整え、皮目を上にして巻き簾《す》でしめ、熱した蒸し器で火を通し、冷ましてから1人分2切れとして切りそろえる。
⑥シイタケは、煮含めた八方だし汁で艶《つや》煮にする。
⑦ホウレン草はゆでておかあげ（冷水に入れずそのまま冷ます）にして、淡口しょう油（分量外）を少しかけ、ゴマをまぶす。
⑧皿に⑤を人数分に切り分け、シイタケの艶煮、ホウレン草のゴマよごしを添え、熱くしたショウガあんを周囲に流し込み、おろしショウガを天盛りにする。

材料（4人分）

・鯛切り身（皮付き）…………… 4切れ
・長芋 ………………………… 200g
・木綿豆腐 ……………………… 1丁
・ニンジン ……………………… 50g
・ゴボウ ………………… 2分の1本
・キクラゲ……………………… 20g
・卵 …………………………… 1個
・グリーンピース …………… 大さじ2
・ホウレン草 ……………………… 1束
・シイタケ………………………… 小4枚
・ゴマ ………………………… 小さじ2
・ショウガ………………………… 40g
・くず粉またはかたくり粉
………………… 大さじ山盛り1

（ア）ショウガあん
だし汁2カップ、淡口しょう油、40ml、みりん40ml、酒大さじ1を鍋に入れて煮立て（くず粉またはかたくり粉大さじ山盛り1は水で溶いて加える）、食べる前に料理の周りに流し入れ、ショウガは天盛りに。

（イ）八方だし汁
だし汁2カップ、淡口しょう油40ml、砂糖大さじ2分の1、みりん大さじ1.5、酒大さじ1、かつお節ひとつまみを鍋に入れ煮立て、こしておく。

煮穴子と茶そば《にあなごとちゃそば》　春野菜の取り合わせ、温泉玉子かけ《はるやさいのとりあわせ、おんせんたまごかけ》

春は、田畑を「墾《は》る」とか、草木の芽が「張《は》る」からきていると言われ、冬の間に力を溜《た》めていた生命が春の息吹に勢いを得てわが世の春を迎え、野菜など食材も旬を迎えます。春野菜は特有の香気や苦味、アクを持ちます。そのため、ゆがいたり、重曹を用いたり、冷水にさらしクセを取り除いたりしますが、一方で香気や苦味を活かします。また、だし汁、みそ、酒、酢を利用し、一段の風味、歯応えを魚介類と一緒に活用しておいしい料理を味わいます。

作り方

①穴子は、魚屋さんで腹開きにしてもらい、一度きれいに洗い、ボールに取り、多めの粗塩を振りかけ、手でもんでぬめりを取る（手で触れて弾力がある感じにしておく）。
②エリンギ茸は、小指2分の1くらいの大きさに切りそろえ、冷水にさらしておく。
③あなご白煮用汁を平たい鍋で煮立て、穴子を入れ、落しぶたをして軟らかくなるまで20分ほど煮る。途中、エリンギ茸を加えて、味をつける。残った汁は煮詰めておき、穴子の上からかける。
④卵は水から過熱して、68℃まで湯温を上げ、その温度を保ちながら30分ほどゆで、温泉玉子に仕上げ、中身が出ないように殻をむく。
⑤菜の花は塩水でゆがき、おかあげにして色止めし、酢、淡口しょう油少々を全体に振り、水気を絞り、巻のりで巻き、穴子の幅の大きさに切っておく。
⑥茶そばは沸騰したお湯で4～5分ゆで、冷水でしめ、コシのあるくらいで水を切る。
⑦茶そば用かけ汁は、一度鍋で煮立て直す。
⑧穴子は、頭部の皮側にエリンギ茸、菜の花（のりで巻いて切ったもの）を載せ、少し巻くようにして、身側を上にして、煮詰めた③の汁をかけ、穴子が高い枕をして寝たように見せる。
⑨器を用意し、茶そばを美しく盛り、⑦を全体にかけ、穴子を寄り添わせるように盛り、温泉玉子を載せ、イクラを天盛りにし、木の芽を手でたたいて香りを添え、食前に温泉玉子を割り、流し、黒ゴマ、塩を振り、温かいうちにいただく。

材料（4人分）

・穴子 ……………………… 中4～8匹
・菜の花 ……………………… 4枝
・巻のり ……………… 1枚（20×19㎝）
・エリンギ茸……………………1パック
・卵 ………………………………… 4個
・イクラ……………………… 大さじ4
・茶そば ……………………… 小1把
・木の芽 ……………………… 8枚
・黒ゴマ ……………………… 少々
調味料
・塩、酢、淡口しょう油………… 各少々

(1)穴子白煮用汁
・だし汁 ……………………… 3カップ
・淡口しょう油……………… 大さじ3
・みりん ……………………… 大さじ5
・塩 ……………………………… 小さじ1

(2)茶そば用かけ汁
・だし汁 ……………………… 1カップ
・濃口しょう油 …………… 大さじ3弱
・みりん ……………………… 大さじ3

※穴子を煮る場合、穴子全体が入る大きさの鍋（平たい鍋）を用い、落としぶたをしてじっくり炊きます。熱いうちに手で広げておくと大きく、美しく見えます

あいなめ、きみおうごんじたて、かおりやき

アイナメ、黄味黄金仕立て、香り焼き

アイナメは海水魚で、味がアユに似て上品であっさりしているところから、「あゆなみ（鮎並）」が転化してそう呼ばれるようになりました。産卵期は晩秋から冬で、雄が卵を保護することで知られています。体色は環境によって個体差が著しく違います。肉は白身で透明感があり、白身の割に脂肪が多いので、「アブラメ」とも呼ばれます。中四国、九州では、こちらの方がなじみがあるようです。

作り方

①小芋は、六角に皮をむいて水洗いし、ボウルに塩と酢を入れ、

よく混ぜてさらしておく。

②①は、竹串が通るくらいに蒸し上げておく。

③新レンコンは、皮をむき、酢水にさらし、鍋に少量の酢をたらして白くゆがく（歯応えのあるくらい）。さらに甘酢に浸し、白く透明感のある状態になったら引き揚げ、（ア）をよく混ぜ合わせ、レンコンの穴にすき間なく詰め込み、矢羽根状に切る。ミョウガも甘酢に浸して色鮮やかにしておく。

④うどは、長いまま、ミョウガはそのままで、熱湯に塩と酢を少量入れ、しんなり、色鮮やかにゆで、冷ます。

⑤アイナメは、はらわたを出し、表面のぬめりを包丁で取り除いておく。小さいうろこも取り除き、三枚おろしにする。骨抜きで小骨を抜き、皮を下にして、手前から向こう側に向け、皮すれすれまで弧を描くように身に5㎜幅の切り込みを包丁で入れる（アイナメは、時間をかけ過ぎると身が軟らかくなってしまうので、手早く扱うこと）。はけで卵白とかたくり粉を軽くはたきこみ、④を皮目の上に乗せ、巻いて、金串を打つ。

⑥オーブンを加熱（250℃）し、⑤を表面が不透明になるくらい焼き、黄味しょう油をはけで全体に塗り、強火の遠火で数回塗って黄金色に焼き上げる。

⑦②の小芋の上に（イ）を載せ、180℃のオーブンで7分加熱して取り出し、ケシの実を散らす。

⑧器を用意し、中央にアイナメの切り口を見せ、小芋、新レンコン、ミョウガを盛り、おろし柚子をアイナメの上から散らし、熱いうちにいただく。

材料（4人分）

・小芋 …………12個
・新レンコン …………長さ3㎝
・うど …………中2本
・ミョウガ …………1本
・アイナメ …………2匹
・卵白 …………2個分
・かたくり粉 …………少々
・柚子の皮 …………小さじ1

（ア）
・白みそ …………大さじ2
・練り辛子 ……大さじ1～2
・明太子 …………大さじ1

（イ）
・白みそ …………大さじ2
・赤みそ …………大さじ2
・酢、塩 …………各少々

・ケシの実 …………小さじ1

■黄身しょう油

（ウ）
・酒 …………大さじ2
・みりん …………大さじ2
・淡口しょう油 …………大さじ2
・卵黄 …………2個

■甘酢

（エ）
・酢 …………100cc
・砂糖 …………大さじ1～5
・みりん …………大さじ1
・塩 …………少々

・唐辛子 …………1本
※小口切りにして浮かせる

※（ア）（イ）（ウ）（エ）のいずれもよく混ぜ合わせておく

はるのかいよせ　とまときのめみそあえ

春の貝寄せ　トマト木の芽味噌和え

桜の季節は身も心も晴れやかになりますが、変わりやすい天気は〝寒の戻り〟で震え上がることがあります。少しアクを持ち、苦味と芳香を持つ春野菜の季節。下ごしらえのポイントは、軟らかくゆでることと、水、酢水、米ぬかなどを使いしっかりアク抜きすること。今回使う貝類は、加熱しすぎると硬くなるので、色彩が一番映えるときがおいしさのバロメーターです。貝類と野菜、フルーツなどを〝和装〟でサラダ感覚にまとめました。

作り方

①殻を外したトリ貝、ホタテ貝、ミル貝（水管部分）は、水洗

いした後、水気を切ってボールに取り、塩、酒を軽く振り、10分ほどしたら熱湯でサッと下ゆでしてざるに上げ、レモン汁小さじ1を振りかけておく。

②タケノコをゆで、食べやすい大きさにスライスし、八方だし汁で煮含め、生ワカメを加えて煮立て、火を止め、そのまま浸しておく。

③春菊と黄ニラは、塩を一つまみ加えた熱湯で色よくゆがき、一度冷水に放ち、取り出して一口大に切りそろえておく。

④リンゴは縦4等分のくし形に切り、皮と種を取り除き酢水に入れ、厚さ5㎜にスライスしてレモン汁小さじ1をふりかける。オーブンを180度に温め、ハケでリンゴにはちみつを塗り、きつね色になるまでよく焼き上げる。

⑤②のタケノコ、生ワカメを鍋の横に寄せ、①の貝と、③の春菊、黄ニラを入れ、八方だし汁を含ませながら冷蔵庫で約20分冷やした後、汁気を切る。

⑥（A）の木の芽は、小さくちぎって鍋に入れ、（ア）を加えてしゃもじで練る。焦げないよう注意して⑤の八方だし汁大さじ2を加え、白みその元の硬さになるまで火を入れた後、冷まし、刻んだフルーツトマトをあえる。

⑦⑤の貝を⑥にあえ、涼しげに盛り付ける。付け合わせにリンゴ、タケノコ、ワカメ、春菊、黄ニラを彩りよくあしらい、上に木の芽を飾れば出来上がり。

材料（4人分）

- トリ貝……………………………… 4枚
- ホタテ貝 ………………………… 3個
- ミル貝(水管) …………………… 3個
- タケノコ…………………… 1本(150g)
- 春菊 ……………………… 1束(150g)
- 黄ニラ ………………………2分の1束
- リンゴ(大)……………………… 1個
- 生ワカメ………………………… 50g
- レモン汁 …………………… 小さじ2

■調味料

- 塩、酒、酢 ………………………… 適量
- はちみつ ……………………… 大さじ1

■八方だし汁

だし汁1カップ、淡口しょうゆ、みりん、酒各20mℓを鍋に入れて煮立てる。

(A)

フルーツトマト入り木の芽みそ

- 木の芽 ……… 5g(4枚は残しておく)
- フルーツトマト…5個(5㎜角に刻む)

(ア)
- 白みそ …………… 100g
- 卵黄 ………………… 3個
- 酒 ………………… 80mℓ
- 砂糖 ……………… 25g
- 練りがらし…………小さじ1

鯛祐庵焼風《たいゆうあんやきふう》
春巻豆腐揚げ野菜添え《はるまきとうふあげやさいぞえ》

おめでたいことが多い時期に合わせて鯛料理を紹介します。「鯛に旬なし」と言われるほど年間を通じて出回る鯛は、特に冬場は寒の鯛、春は桜鯛が美味とされ、初夏から夏にかけての産卵後の鯛は「麦わら鯛」と言い、秋に向けてやせて味が劣ります。生きている活魚に対し、鮮魚は目利きが必要になります。ひと目見て、目や地肌に透明感があるか、触って弾力があるか、よく肥えて全体的に充実感があるか、などを見極めて選びます。

作り方

①絹ごし豆腐は、ふきんに包み、まな板を傾けた上に置いて、重石を乗せ、30分ほど水気を切る。

②①の豆腐を厚さ7㎜に切りそろえ、8枚用意（1人2枚使用）。サンドイッチ用食パンの要領で、両面に合わせみそを塗る（好

みで白、赤みそでも可)。
③冷凍魚介ミックスを解凍し、フライパンを熱し、サラダ油で炒め、塩、コショウで薄めの味付けをして、冷ます。
④②の豆腐に、ワカメを薄く広げ、その上に③を乗せ、平らにして干しブドウを散らす。表面が平らになるようナイフで軽く押さえ、サンドイッチ状に挟む。
⑤春巻きの皮で④をふくさ包みに巻いて、170℃に温めたサラダ油で火を通し、色よく揚げ、レモン汁を振る。
⑥大根は皮をむき、厚さ2㎜の桂むき(縦切りでも可)にして薄く塩を振り、しんなりさせておく。
⑦新タマネギは扇型に薄くスライスして冷水に放っておく。
⑧オレンジは皮をむき、半分に切り、タマネギと同じ形の厚さ3㎜にスライスする。
⑨春キャベツは塩を少し加え、色よくゆでてシャッキリ感を残し、おかあげ(ゆでたり煮たりした材料をざるなどに上げ、水に浸けずそのまま冷ます)にする。シンは取り除き、葉は5㎝角に切りそろえておく。キャベツのシンは、飾り用に細工しておく。
⑩合わせ酢(だし汁大さじ3、酢大さじ4、砂糖大さじ3、塩小さじ1・5を混ぜたもの)をボウルに用意。⑥⑦と⑨を5分ほど浸して味付けし、引き出してスライスしたオレンジと一緒に層状に色よく重ね、一口大に切る。大きいキャベツを上下に置くと切りやすい。
⑪鯛の祐庵地はオーブンで焼き、仕上げ前にごま油を2滴ほどハケで塗る。
⑫皿に⑤⑪を盛り付け、⑩を付け合わせ、赤唐辛子の糸切りを天盛りにする。さらに⑩を付け合わせ、再び残りの合わせ酢をかける。

材料(4人分)

・鯛切り身	1匹70gを4切れ
・ワカメ(戻したもの)	大さじ3
・絹ごし豆腐	1丁
・冷凍魚介ミックス	120g
・干しブドウ	大さじ山盛り2
・春巻きの皮	4枚
・レモン汁	小さじ2
・春キャベツ	2枚
・大根(直径7㎝、長さ5㎝)	1個
・新タマネギ(中)	2分の1
・オレンジ(中)	1個
・タカの爪(赤)	2本

■調味料　塩、コショウ、サラダ油、ごま油…各適量、合わせみそ…大さじ4
■鯛の下ごしらえ　鯛はボールに入れ、みりん大さじ5、濃口しょうゆ大さじ3、酒大さじ2を一緒にした祐庵地(ゆあんじ)を振りかけ、1時間漬け込み味を付ける。
■祐庵(幽庵、柚庵と同意)焼地　割合は、みりん大さじ5、濃口しょうゆ大さじ3、酒大さじ2を一緒にした地に漬けて焼く方法。淡白なものから脂肪の多い魚介までに向く。脂ののったもの、身の軟らかいものほど、漬け込み時間を長くすると身が締まり、味が染み込みやすい。

蝦真薯、浅蜊、アスパラガス射込みあぶり蒸し《えびしんじょ、あさり、あすぱらがすいこみあぶりむし》

「蝦真薯《エビしんじょ》、浅蜊《アサリ》、アスパラガス射込みあぶり蒸し」を紹介します。真薯は、白身魚、エビなどのすり身に、すりおろしたヤマイモ、卵白などを加える料理。材料の中をくり抜いて別の材料を詰める〝射込み〟で、あぶり蒸しにします。高たんぱく、低脂肪、低エネルギーで、ダイエット食に向いたエビは、生活習慣病予防になり、赤系色素は抗酸化作用を持ち血管をきれいにしてくれると言われています。

作り方

①シバエビは、殻と背わたを取り、洗った後、かたくり粉をふ

りかけてもみ、水洗いして水気をふいておく。

②すり鉢にエビのすり身を取り、塩小さじ1／3強を入れ粘りが出るまですり、だし汁15㎖を加えて混ぜる。大和イモのすりおろしとマヨネーズを入れ、だし汁15㎖を加え、さらにすり込む。

③（A）のアスパラガスにかたくり粉をはたき、（B）をアサリを添え、②のすり身を、アスパラガスを芯にしてちくわ状に包み込み、シバエビをのせる。ラップ（12㎝×12㎝）8枚に薄く油を塗り、エビ真薯を包み、湯気の見える蒸し器で8分程蒸して取り出し、網で直火に当て時々動かしてきれいにあぶる。

④キャベツは芯を取り、ゆがいてしんなりさせ、モヤシはきれいに洗って、塩ひとつまみを加えてさっとゆがき、シャキッとした状態にして急冷。キャベツを広げ、モヤシをそろえて芯にして、小口側からグルグル巻いて巻きすにまとめて、8等分に切りそろえ、（A）の浸し汁の中に5分程浸す。

⑤深めの皿に③④を盛り、（C）のくず練り出しを周囲から流し込む。木の芽を手でたたいて香りを出し、シバエビの上に飾って出来上がり。

■材料（4人分）

- ・シバエビ ………………………… 8尾
- ・エビのすり身………………… 270g
- ・大和イモ（つくね）……………… 30g
- ・マヨネーズ……………………… 20g
- ・グリーンアスパラ ……………… 4本
- ・アサリ ………………………… 8個
- ・干しワカメ……………………… 5g
- ・レモン汁 ………………… 小さじ1
- ・だし汁 ……………………4カップ弱
- ・かたくり粉、くず粉 ……………少々

■調味料

塩…適量、薄口しょうゆ、煮切りみりん…大さじ各1、酒…大さじ4、酢…大さじ1/2、油…適量

■付け合わせ用の材料

キャベツ…2枚、太モヤシ…50g、木の芽…4枚

(A)アスパラガスの下ごしらえ　手鍋に湯を沸かし、塩ひとつまみを加えアスパラガスを入れ、さっと色良くゆがき、浸し汁（だし汁1.5カップ、塩小さじ3/5、薄口しょうゆ大さじ1/3、煮切りみりん大さじ1/2、酢大さじ1/2）に入れ、下味をつけ、15分くらいで水気を切り、横2等分に切る。

(B)アサリの下ごしらえ

①手鍋に砂をはかせたあさり、酒大さじ4を入れ、蒸し煮にして口を開けたら、身だけを取り出し、レモン汁をふりかけておく。

②残り汁は、ふきんでこして(C)に加える。

(C)新ワカメのくず練り出し

材料は、干しわかめ適量、だし汁2カップ、塩小さじ1/2、薄口しょうゆ大さじ2/3、みりん大さじ1/2、くず粉大さじ1を用意。

①干しワカメは水で戻し（40gになる）、だし汁を入れてミキサーにかけ、手鍋に移し、塩、薄口しょうゆ、みりんを入れ、ひと煮立ちさせる。

②吸い物の味よりやや濃いめにして、水溶きくず粉を加え、とろりとさせておく。

③(B)からの汁を加える。

アサリと春野菜の《あさりとはるやさいの》白扇揚げごまダレ添え《はくせんあげごまだれぞえ》

桜の開花予報が伝えられる時節。旬の魚介としてアサリを選びました。活きの良い模様のはっきりしたものを求めましょう。春野菜は少しアクがあって苦味、エグ味があり、色は少し淡く初々しさがあります。土の間から野菜が顔をのぞかせた生命力あふれる様子を、白扇《はくせん》揚げ（白妙《しろたえ》揚げ）風にしました。火の通りやすいもの、一度火入れをしたものを使い、新しい油で時間をかけず、色をつけずに揚げ、ごまダレでいただきます。

下ごしらえ

❶白扇衣は、卵白1個を固めに泡立て、水100㎖にかたくり

粉80gを溶かし、卵白に少しずつ加える（揚げる前に用意する）。

❷アサリは、殻同士をすり合わせて汚れを落とし、ボウルに塩分3％の塩水（海水程度）の中に入れ、アルミホイルで覆って暗くし、室温（20℃）に2時間置いて砂をはかせる。さらにアサリを洗って真水に5分程浸して、塩気を抜き、鍋を熱して酒2分の1カップを入れ、煮立って口を開けたらザルに移し、身を取り出し、汁はふきんでこして、ごまダレに加えておく。

作り方

①アサリは、鮮度の良い大粒を求め、食感を損なわないよう砂をはかせておく。

②新タマネギは、肉厚なものを選び、皮をむき、2分の1に切り分け小口から扇形に厚さ4㎜に切りそろえ、バラさないよう上からつまようじを打って止める。

③ニンジンは、よく洗って皮付きのまま小口から厚さ3㎜に切りそろえる。

④タラの芽は、きれいに掃除し、厚さ3㎜に切り、冷水に放ち、シャッキとさせておく。

⑤空豆はサヤから出して、甘皮をむいておく。

⑥ボウルで卵白を泡立て、かたくり粉80gを水100㎖に溶かし、卵白に泡立器を使って溶かし込む。

⑦器にかたくり粉を用意し、①～⑤までにかたくり粉をまぶす。順番は、水気のない味付けのりから白扇衣を2回つける（一度漬け、再度繰り返す）。野菜も水気の少ないものから衣に色が付かない程度、透き通ったように揚げる。アサリは最後に揚げる。

⑧盛りつけは、奥を高く手前を低く盛り付け、くし型に切りそろえたレモンを添え、銘々皿にごまダレを取り分けていただく。

材料（4人分）

・卵白	1個
・かたくり粉	80g
・水	100ml
・アサリ	400g
・新タマネギ	2分の1個
・ニンジン	40g
・タラの芽	4本
・空豆	4本
・レモン	1個
・味付けのり	8枚
・植物油	適量
・かたくり粉	適量（まぶし用）
・酒	100ml

■ごまダレの作り方

①小鍋に、だし汁…200ml、しょうゆ50ml、みりん…50ml、かつお節…5gを入れ、一度煮立てて、冷ましてこす。

②白練りごま…50gを用意し、①を少しずつ加えていき、混ぜ合わせる。

③アサリのこし汁を加える。

桜鯛のオイル焼き《さくらだいのおいるやき》 筍、白アスパラ寄せ《たけのこ、しろあすぱらよせ》

魚介類の扱い方の一つとして旬のものは、生食（刺し身）か、あまり手を加えずさっと加熱したり、霜降り※にして薄味を付けたり、香り、うま味、歯応えを楽しむ焼き物、揚げ物、姿形を重視するなら蒸し物、シメ物にしたりします。また鮮度が落ちれば煮物などにして味付けを濃くします。今回の桜鯛には、相性のよい筍《たけのこ》を用い、和風マヨネーズの黄身酢がよく合います。水ぬるむ風情が春の味わいといえます。

作り方

①タケノコは、下処理を終えたら、八方だし汁で煮汁が2割減

※注　霜降り：表面が白くなる程度に熱湯をかけるか、通したりする下処理のこと

まで煮含め、汁に浸しておく。
②白アスパラは皮の硬いものは、硬い部分を包丁でまわし切りにして塩をひとつまみ加えてゆで、昆布を加えてそのまま浸して味をなじませる。
③薫製ベーコンは、3㎜角に切りそろえフライパンでカリカリに焼き、クッキングペーパーの上に広げておく。
④新タマネギは5㎜角に切りそろえ、日本手ぬぐいに包み、塩を少々振り、手もみし、ぬめりが出てきたら、そのまま水にさらし、水気を絞っておく。
⑤桜鯛は切り身に軽く塩を振って、金串を打ち、油を190℃に熱し、鯛の皮目に何度もかけて6～7分熱を加え、皮目をカリッとさせる。黄味酢とマヨネーズを合わせ、鯛の皮目にハケ塗りをして、フライパンで色よく焼き上げ、木の芽、③④を皮目に散らし、ハケ塗りを繰り返す。
⑥筆ショウガは根の部分をきれいにはいで、葉先を整え、熱湯に塩を少々入れてゆがき水気を切り、甘酢に浸して、色を出す。
⑦平皿に鯛の切り身を盛り、①はさらに1／2に細切りにして盛りつけ、②をわきに盛り、黄身酢3分の2（ア）をかけて供する。

材料（4人分）

- ・タケノコ……………………1本(400g)
- ・タカのツメ……………………2本
- ・白アスパラ……………………8本
- ・塩……………………………適量
- ・昆布……………………5㎝角1枚
- ・薫製ベーコン…………………50g
- ・新タマネギ…………………1/2個
- ・桜鯛切り身…………………4切れ
- ・油……………………………適量
- ・マヨネーズ……………………大さじ4
- ・筆ショウガ……………………4本
- ・木の芽…………………………4枚

■黄味酢の材料と作り方
①卵黄(5個)、砂糖(大さじ4)、塩(小さじ4分の3)、酢(大さじ6)をよく混ぜ合わせておく。
②①を湯煎にかけ、ゴムベラで焦げ付かないよう鍋底から混ぜながら煮詰める。
③目安としてマヨネーズ状になれば、2/3(ア)と、1/3(イ)に分けておく。

■八方だし汁　だし(2カップ)、薄口しょう油（40ml）みりん（40ml)、酒(20ml)を鍋で煮立てる。

■甘酢　だし汁(大さじ3)、酢(大さじ3)、砂糖(大さじ2)、塩(少々)を一煮。

■タケノコの下処理
①土を洗い流し穂先を斜めに切り落とし、浅く縦に皮目に包丁を入れ、皮をむく。下の硬い部分を削り取る。
②大鍋にたっぷりの水を入れ、水からゆで、タカのツメを2本入れ、沸騰後は弱火にして1時間ほどゆでる。竹串が通るくらいの軟らかさになったら火を止め、一晩置き、再び水からゆでて沸騰したら流水にさらし、縦半分に切ってよく洗い使用する。

真子と春野菜の《まことはるやさいの》昆布巻煮菜の花添え《こんぶまきになのはなぞえ》

忙しい現代人は、手間、価格のこともあり、天然物と人工物を使い分けています。今回の料理では昆布、かつお節を使い、昆布の旨味はグルタミン酸、かつお節はイノシン酸。両者の出会いは相乗効果を生み、おいしさは何倍にも感じるといわれます。旨味は、調味料の量を少なくすれば素材の味が引き立ち、ヘルシーな料理となります。

下ごしらえ

生の真子（冷凍でも可）は、作業をしやすくするために塩を一つまみと酒大さじ1を加えて、熱湯で霜降り（表面が白っぽくなる程度）をして冷水で締め、水気を拭き、ふきんで包んで巻すで巻き、太さ直径約３㎝にそろえ、冷凍して固めて形を整える（凍らすためではない、冷凍物も同じ行程）。

白コンニャクは、塩でもみ、一度、さっとゆで、アク抜きをしておく。

菜の花は、塩を一つまみ加えた熱湯でゆで、冷水に放ち色止めしてザルに揚げ、水気を切り、ふきんに包み菜の花の床に漬け込み1晩冷蔵庫で寝かして味を付ける。

作り方

①ウドは、塩を振り、まな板でゴリゴリ回しずりをしたあと熱湯でゆで、冷水に取り、皮を除き、昆布の幅に合わせて切りそろえる。
②ニンジンは、皮付きのままよく洗い、長さはまちまちでよいが5㎜角にそろえる。
③水に戻した青板昆布（幅の広い昆布）を広げ、手前に真子を置き、1回転させ、反対側にウド、ニンジンを置いて1回転させ、中身を固定させ、左右のバランスを整えながら渦巻状（年輪型）に複数回重ね巻きして、かんぴょうで巻き結んでおく。
④浅手の平鍋に、煮汁（A）を入れ、昆布巻③を入れ、白コンニャクを加えて煮立て、落としぶたをして、弱火でコトコトと煮る。時々回転させ、煮汁が半量くらいになれば、火を止め味を含ませる。昆布巻は、平鍋から取り出して人数分に切りそろえる。
⑤煮汁のみ加熱をして味を引き締め、好みの味に再調整して、白コンニャク、昆布巻を入れ、再加熱する。
⑥菜の花は、色彩を飛ばさないよう冷蔵庫から取り出してすぐに付け合せとする。
⑦器に昆布巻の切り口を見せ、白コンニャクを敷き、菜の花を添えて煮汁を張れば出来上がり。

材料（4人分）

・真子（タイ、サワラ、タラなど）　300g
・白コンニャク……………………1袋
・菜の花……………………1パック
・ウド……………………4本（200g）
・青板昆布（マコブ、幅広コブでも可）
　…水で戻した横20㎝×縦40㎝を1枚
・ニンジン…………150g（縦1/2本）
・かんぴょう……　水で戻した細目80㎝
・塩……………………………適量
・酒……………………………大さじ1

■煮汁（A）
・かつお節だし………………250ml
・濃口しょうゆ………………50ml
・みりん………………………50ml
・料理酒………………………50ml

■菜の花の床（とこ）（B）
・白みそ……………大さじ山盛り4
・酒かす……………大さじ山盛り2
・炒り白ゴマ…………………大さじ1
・しょうが汁…………………小さじ2

<作り方>
すり鉢に炒り白ゴマを取り、よくすり合わせ、白みそと酒かすを加え、ペースト状にすり混ぜ、仕上げにしょうが汁を加えて床を作る。

早生玉ネギと魚介の《わせたまねぎとぎょかいの》そら豆みそグラタン《そらまめみそぐらたん》

旬の春野菜や山菜類はアルカリ性であくを感じます。多少の渋味、苦味、えぐ味などの不味成分を含むのが特徴で、少量含まれることで、食味に深みや季節感があっておいしさとなります。渋味はタンニン、苦味はアルカロイド、タケノコのえぐ味はホモゲンチジン酸とシュウ酸です。

下ごしらえ

絹ごし豆腐は、ふきんに包み重石を乗せ、水切りをしておく。

そら豆は、さやから取り出し霧吹きで湿らせ、やや強目に塩を振り10分ほどなじませる。鍋に熱湯を沸かして火を弱め、豆の甘味を強めるため砂糖を少し加え、そら豆を入れてはしで裏返しながら均等に熱が通ったら鍋ごと氷水で一気に冷まして透明感のある色あいに仕上げる。タケノコは、穂先を斜めに切り落とし、上部にタテ1本切り込みを入れ、鍋にかぶるくらいの水、糠《ぬか》一つかみとタカの爪を入れ、落とし蓋をして

竹串が通るようになれば火を止め、1晩置いてあく抜きをする。皮の切り込みへ指を入れ、少しずつむくように扱う。使う時、さっとゆがいて糠抜きをする。

作り方

①新玉ネギは、皮をむいて2分の1に切り、小口より厚さ2㎜にスライスし、フライパンでサラダ油を熱し、玉ネギを入れ、塩、こしょうをして、透き通るように炒める。
②アワビは、タワシでこすって汚れを落とし、柔らかくなる成分を含むダイコンの輪切りを乗せ、中火で串が通るくらいまで約1時間蒸し、ダイコンを除いて殻から身をはずし、一口大（厚さ3㎜）に切っておく。蒸し汁はこして、（A）のそら豆みそソースに加える。貝柱は、酢を少々加えた3％の塩水でよく洗って水切りする。エビはゆがいて殻をむき、一口大に切る。
③ゆでダコは、コロコロの乱切りにする。
④①②③を小鍋に取り、2㎝角のバターを入れ、塩、こしょうで軽く味付けしてさっと炒める。
⑤タケノコは縦に、厚さ3㎜に切りそろえておく。
⑥耐熱皿の底に玉ネギのスライスを敷き、そら豆みそソースを少しかけ、⑤を盛り、④を色彩よく配し、そら豆みそソースをかけてニンジンを散らし、180℃のオーブンであまり焦げ目をつけない程度に焼き上げる。仕上げに木の芽を散らして出来上がり。熱いうちにいただく。

材料（4人分）

・新玉ネギ	大1個
・タイガーエビ	6尾
・蒸しアワビ	小1枚
・貝柱	4個
・ゆでダコ	中1本
・ニンジン	50g
・タケノコ	1本
・木の芽	4枚
・塩	少々
・こしょう	少々
・タカの爪	1本
・サラダ油	適量
・バター	15g
・糠（ぬか）	適量

■ニンジンの甘酢煮
①ニンジンは好みの大きさに切りそろえて手鍋に入れ、酢…90ml、だし汁…60ml、砂糖…大さじ3・5、塩…小さじ1/5を加えて、中火で煮る。
②つや良く火を通し、だし汁が不足したら加えて仕上げる。

■そら豆味噌ソース（A）
絹ごし豆腐1丁をすり鉢に入れて麺《めん》棒でよくすり、白みそ…25g、田舎みそ…10g、マヨネーズ…20g、卵黄…1個を加えてさらにする。均一になったら、こしたそら豆150gを加え、粘りが出るまですり、だし汁を少しずつ加え、トロリとするくらいになったら裏ごしをする。さらに鍋で加熱して、塩少々を加え、固いようならだし汁を加えながら焦がさないよう滑らかなソースに仕上げる。味は、吸い物よりやや濃い目にする。

鱈の白子イカ印籠焼き《たらのしらこいかいんろうやき》
野菜添え《やさいぞえ》

1年を通して獲れるイカ(烏賊)の名前の由来をご存じでしょうか。「イカが死んだ振りをして海面に浮いているとカラス(烏)が餌と思い近付いたところを足(触腕)を絡ませて捕獲する姿がまるで賊のよう」という中国の言い伝えから。また、雪の季節に旬を迎えるタラ(鱈)は、食欲おう盛で、「たらふく食べる」ことが由来とも。硬くモチモチした食感のイカと、繊細で滑らかなタラの白子を使い、今回は「鱈の白子イカ印籠《いんろう》焼き野菜添え」を紹介します。

下ごしらえ

(ア) タラの白子は塩味が入りにくいので塩を多めに入れ、七分くらいにゆで、氷水に落とし、締めてザルにあげておく。
(イ) イカは、胴から甲と足を抜き出し、ワタ、目玉、クチバシを取る。
(ウ) 胴は皮つきのまま人数分に筒切りにする。
(エ) 足に塩を振り、手もみでぬめりを取り、水洗いして人数分に切り分け、塩を入れて七分くらいにゆで、冷水に落とし、ザルに上げて水気を切っておく。

作り方

①（ア）の白子に酒と塩を振りつけ、（ウ）に詰め込む。バターを溶かしたフライパンでバターをすくいながらかけて上下に焼き目をつけ、ハケで卵黄水を塗り、粉チーズ、パセリのみじん切りを振り掛ける。
②白子は、表面をこんがり、下面をふんわりと仕上げ、中心部まで火を通し、保温しておく。
③耐熱の平皿に、味付けしたマッシュポテトを直径10㎝、幅1㎝のリング状に絞り、黄金色に焼き、ハケで卵黄水を塗り、仕上げておく。
④レンコンは皮をむき、一口大の乱切りにし、酢を適量加えてゆがき、7分くらいでおかあげにする。
⑤ピーマンは、直火で表面を黒く焦がし、水を張ったボールの中で焦げた部分を取り除き、食べやすい大きさに切りそろえる。
⑥ラデッシュは極薄スライスにして冷水に放ちピンとさせておく。
⑦ホールトマトは庖丁で小さく刻み、手鍋で加熱してスープを加え、流れるくらいのとろ味をつけ、塩こしょうで味付けをする。
⑧フライパンにオリーブ油を取り、（エ）と④と⑤を一緒に炒め、レモン汁を振り、塩こしょうで味を調える。
⑨③の中心に②を配し、⑦を周りに流し入れ、⑥⑧を飾れば出来上がり。

材料（4人分）

- ・タラ白子 …………… 250g～300g
- ・真イカ(大) ……………………… 1尾
- ・卵黄 ……………………………… 1個
- ・小麦粉 …………………………大さじ3
- ・オリーブ油……………………大さじ4
- ・粉チーズ …………… 大さじ山盛り4
- ・パセリみじん切り …… 小さじ山盛り1
- ・ピーマン青(大) ………………… 1個
- ・レンコン………………………… 5㎝
- ・ラディッシュ ……………………… 1個
- ・ホールトマト ………………… 250g
- ・マッシュポテト …………… 1.5カップ
- ・バター ………………………… 40g
- ・レモン絞り汁………………… 1/2個分
- ・スープ ………………………… 1カップ

■調味料

- ・塩、こしょう …………………… 少々
- ・酢 ……………………………… 適量
- ・酒 ……………………………… 適量

さわらのごまやき　ゆずみそあんそばずしぞえ

鰆の胡麻焼き 柚子味噌餡そばずし添え

春の食材をいただき〝冬の体〟を目覚めさせる時季―。山菜に代表される春は、「苦いものを食べよ」という食文化。また、脂の乗った冬の魚から淡白な味わいに変化する趣は、本来魚のもつおいしさのサイクルに入ったといえます。今回は、アクや苦味を持つタケノコやフキ、木の芽とサワラなどを組み合わせた「鰆の胡麻焼き柚子味噌餡そばずし添え」を紹介します。

下ごしらえ

◎サワラは水分が多く、身が軟らかく、身割れしやすいため、扱いは丁寧に。切り身に振り塩をする。

◎タケノコは姫皮（先端あたりの軟らかい皮）を取り、斜め切りに2等分してボウルにダイコンおろしと水各1カップ、塩小さじ1を入れ1時間浸した後、たっぷりの水で竹串が通る

くらいまでゆがく。

◎フキは、海苔の幅に切り、まな板の上で塩を振り手で回転させながらころ合いを見てゆがき、冷水を入れたボウルの中で皮をむく。

■ワンポイント

アクの抜き過ぎは風味を損なうので注意を。

作り方

①サワラは手拭いをかぶせた上から熱湯をかけ表面が薄白くなったら指できれいに形を整え、ハケで卵黄を塗り、炒り白ごまを切り口両面に隙間なくまぶし、直火の遠火で(約8分)焼く。

②ダイコン、ニンジンは薄くスライスして花型で抜き、タイガーエビ、ワカメと一緒に合わせ酢に浸して下味を付けておき、タケノコはスライスし、フキはそのままで同様に浸しておく。

③フルーツプチトマトは湯に浸し、皮をむいておく。

④そばずしは、②の中に、硬めにゆがいた茶そばを浸して味を付け、巻き海苔の手前3分の1くらいのところに広げ、中にタイガーエビ、ワカメ、フキをシンとして巻きすで巻き、人数分に切りそろえる。

⑤皿にサワラを盛り、④とフルーツプチトマトを添え、ゆずみそあんを手早く流し入れ、ダイコン、ニンジンを花ビラのように散らし、木の芽を添える。

材料(4人分)

- ・サワラ筒切り身　4切れ(350〜400g)
- ・タケノコ……………………… 小1本
- ・卵黄 ………………………… 2個分
- ・炒り白ごま……………………小さじ4
- ・茶そば ……………………… 1束
- ・フキ ………………………… 1本
- ・タイガーエビ ……………… 4尾
- ・もどしワカメ ……………… 30g
- ・ダイコン…………………… 20g
- ・ニンジン ………………… 20g
- ・フルーツプチトマト ………… 8個
- ・巻き海苔(のり)………………… 1枚
- ・木の芽 ……………………… 8枚

■調味料

- ・塩 …………………………… 適量

■ゆずみそあんの材料と作り方

①手付き鍋に白みそ(200g)、中みそ(50g)、酢(大さじ8)を入れて弱火で練りまぜる。

②①にだし汁少量を入れてくず粉(大さじ3)を溶き、だし汁(1カップ)、淡口しょうゆ(大さじ1/2)を加え、仕上げ時におろしゆず皮(1/2個)を加え、とろりとしたあん風に仕上げて味を調える。

■そばずし風付け合わせ

茶そば(グリーンのもの)は固めにゆがく。タイガーエビはゆがいて殻を取り、ワカメは一口大に、下ごしらえしたフキは海苔幅に切りそろえる。

■合わせ酢

手付き鍋に、酢(1カップ)、砂糖(大さじ4)、塩(大さじ1)を入れ、加熱して化学調味料少々を入れて冷ます。

やよいしゅん、ふき、たけのこ、こんにゃく、いいだこのたきあわせ

弥生旬、蕗、筍、蒟蒻、飯蛸の焚き合わせ

春弥生、蕗《ふき》は春に芽を〝吹ク〟、冬に黄色い花を咲かす〝冬黄〟の説もあり、筍《たけのこ》は丈《たけ》が高くなるとの説があります。蒟蒻《こんにゃく》は奈良時代、中国から薬用として伝来し、古い書物には「古迩夜久《こにやく》」と記され中世以降、音変化したよう。飯蛸《いいだこ》は、胴に米粒状の卵を抱き、足が多いことから多肢の意とした説もあります。これらを別々にたき合わせ春のいぶきを楽しみましょう。

下ごしらえと作り方

①フキは葉を除き、長さ10㎝に切り、まな板の上で前後に板ずりして、多目の湯でゆがき、冷水にさらして、水の中で皮をむく。

②タケノコはたっぷりの水とぬかとタカの爪2本を入れてたき、一度冷まし、再びゆがいてぬか臭を抜き、冷まして皮をむき約10分水にさらす。

③コンニャクは丸のまま塩を振り、手で軽くもみ、さっとゆがいておく。

④イイダコは塩を振り、手でもんでぬめりを出し、水洗して墨袋や目玉、口を取り、薄めの番茶を煮た中でさっとゆがき、おかあげにする。

⑤ワカメは水に戻し、さっとゆがいて食べやすい大きさに切っておく。

たき合わせのポイント

①たき合わせは、互いの味を引き立てるために、旬の材料を2種類以上用意し、おのおのの持ち味を生かしながら別々に煮て、取り合わせる。

②煮汁も残さぬ工夫をして、タスキ掛けに煮汁を加えたり、薄味の加減を考えて、濃い残り汁を足したりする。

③色や香り、歯ごたえ、舌触りの感触も必要なので煮過ぎには気を付ける。

④それぞれの具材の形も一つの器の中で調和させることもたき合わせの特徴で、妙味を含む。

⑤イイダコは、足、胴が細いので火の通りが良く、みりんを使っているが、太い足で時間が掛る場合は砂糖に変えると固くならない。

材料（4人分）

- ・フキ …… 2本
- ・タケノコ …… 中1本
- ・コンニャク …… 2/3丁
- ・ワカメ(戻したもの) …… 30g
- ・木の芽 …… 8枝
- ・イイダコ …… 300g(4杯)
- ・ぬか …… 片手1杯分
- ・タカの爪 …… 2本

■フキの煮汁

(A)
- ・酒 …… 大さじ3
- ・薄口しょうゆ …… 大さじ2
- ・塩 …… 小さじ1/2

・粉昆布 …… 小さじ2

■作り方／フキは長さ4㎝に切りそろえる。Aを小鍋に入れ、フキを加えて煮立て、そのまま冷まして、粉昆布を加えて味を含ませる。

■タケノコの煮汁

(B)
- ・だし汁 …… 300ml
- ・みりん …… 25ml
- ・薄口しょうゆ …… 小さじ2.5
- ・塩 …… 小さじ2/5

・削りガツオ …… 10g

■作り方／タケノコの根の方は輪切りにして一口大に切り、穂の方は縦切りで厚さ4㎜の薄切りに。Bでタケノコをたき、ガーゼ袋に入れた削りガツオを一緒に煮た後冷まし煮含ませる。煮汁の一部を小鍋に取り、ワカメを煮て冷ます。

■コンニャクの煮汁

(C)
- ・だし汁 …… 200ml
- ・薄口しょうゆ …… 30ml
- ・みりん …… 30ml

■作り方／コンニャクは表面に切り込みを入れ、一口大の好みの形に整え、Cを煮立ててコンニャクを煮含ませ、A、Bからも汁をもらい受け、濃い目に味を付ける。

■イイダコの煮汁

(D)
- ・だし汁 …… 300ml
- ・酒 …… 大さじ2
- ・濃口しょうゆ …… 大さじ2
- ・みりん …… 大さじ2

■作り方／イイダコは手頃な大きさにそろえ、鍋にDを取り、おとしぶたをして中火で煮て、足に張りが出た頃、味を調整する。

春の風情、海鮮三点盛り造り《はるのふぜい、かいせんさんてんもりづくり》

四方を海に囲まれた日本は新鮮な魚介類に恵まれ、生で味わう刺し身（造り）という調理法が発達しました。そのおいしさを引き立てる脇役のケン（剣）、ツマ（妻）、辛み（山葵＝ワサビ）は、魚特有の生臭みを消します。付けじょうゆを添え、包丁の技だけで本当の味と歯触り、透明感のある色合いを得られます。今回は、単品でも十分献立となる近海産の魚を複数配し、春の訪れにふさわしい美しく繊細な取り合せを心掛けました。

下ごしらえ

❶サヨリは包丁でウロコを取り、頭は胸ヒレの後ろから真っすぐに切り落とす。腹を開いて内臓と黒い腹膜を取り、ていねいに洗い流す。腹ビレは包丁の刃先で押さえて抜き取る。大名おろし（上身、下身、中骨の3枚おろし）にして、腹骨をすき取る尾の近くに切り込みを入れ、包丁の峰で皮をこそげ

取る。
❷甲イカは、甲を押し出して抜き取る。足を持って引っ張り、墨袋をつぶさないよう内臓を身から離し、一度洗って皮をむき、薄皮も取り除いておく。
❸クルマエビは活きたものを使い、水1、酒1を合わせた中で頭と尾だけを赤くゆがき、身の部分だけ殻を取り除き、背ワタも抜いておく。

作り方

①ダイコンは菜切り包丁で桂むきにし、幅5㎝に切りそろえ、細い糸状に繊切りにして、冷水に放ち、シャキッとさせておく。
②菜の花は塩を1つまみ入れて鍋でゆがき、おかあげにしておく。
③ハマボウフウは長さ5㎝に切りそろえ、軸の切り口に十字に切り込みを入れ、水にさらし、軸が巻いたら水気を切る。
④スイゼンジノリは水で戻し、さっとゆがき冷水に落とし、水気を切って適当な大きさに切る。
⑤サヨリは今の時期は大型がおいしく、鮮度が良い下アゴが赤く見えるものを選ぶ。皮目を上にして、斜め細切り、小型の場合は皮目を上にそのまま使う。
⑥甲イカは水溶き片栗粉を少量加えてゆがけば水分が出にくく、温度が急上昇しにくくなるので柔らかく仕上がる。表側は縦に切り込み、下側は斜めに包丁を入れ、一口大に切ると食べやすく、歯触りもよい。
⑦ワサビは皮を薄く削り、卸し金で葉の方から回しながら粘り気を出して、ふたをしておく。
⑧クルマエビは盛り込む時に塩水か粗塩を少量振ると、身が収縮して動くので鮮度を楽しむことができる。
⑨刺し身皿に3種類の魚、ダイコンのケン、ツマ、辛味を色良く盛り込めば出来上がり。

材料（4人分）

- ・サヨリ……………… 25㎝以上を4尾
- ・甲イカ ………………………… 1杯
- ・クルマエビ ……… 25㎝以上を4尾
- ・ダイコン………… 直径7㎝×高さ7㎝
- ・菜の花 ………………………… 1把
- ・ハマボウフウ(セリ科) ………… 4本
- ・スイゼンジノリ …………3㎝角1枚
- ・生ワサビ ……………………… 1本

■加減しょうゆ(A)

(A)─┬・薄口しょうゆ　大さじ3と1/2
　　　└・みりん　……小さじ2

・カツオ節 ………………… 1つかみ
・レモンの搾り汁……………… 15ml

■作り方

小鍋でAを軽く煮立ててカツオ節を入れ、火を止めてこし、レモンの搾り汁を加え、冷蔵庫で冷ます。

山菜炊き込み《さんさいたきこみ》、ちまき風仕立て《ちまきふうじたて》

鮮やかな青葉が出そろった5月。日本型食文化は、古くから米を主食に、雑穀、芋、野菜、魚を取り合わせた「晴れ」と「褻《け》」に分けられ、晴れの日（儀礼や祭）には米を使った「酒、すし、餅」が欠かせませんでした。今日では国際化が進み食材の共通化・均質化が見られ、唯一自給可能な米の消費が減少。日本人として米をどう料理するか、みんなで考えるべき命題といえます。そこで今回は「山菜炊き込み、ちまき風仕立て」を紹介します。

下ごしらえ

米は炊く30分前に洗ってざるに上げておく。また、ゼンマイのアク抜きは、ボールに入れ、重曹を小さじ1〜2杯振りかけ、浮き上がらないように軽い重石をして冷まし、ひと晩おき、水洗いをしてゆで、水にさらして水気を切って使う。別の方法としては、藁灰《わらばい》や木灰をたっぷりまぶし、以下同様に

熱湯をかけてアクを抜くのは昔からの手法。今回は、便利な水煮を紹介しました。

作り方

①ゼンマイは長さ3㎝に切りそろえ、タケノコは長さ3㎝、厚さ2～3㎜に切りそろえます。
②油揚げは一度ゆで、油抜きをして、2等分して重ねて薄切りにしておく。
③エビは塩を少し加え、さっと湯通ししておく。
④空豆は味が付きにくいので、濃い目の塩水に浸して少し下味を付けたものを使う。
⑤鍋に調味料（A）と①～③の材料を一緒にして米を加えて炊き上げ、酒大さじ3を振りかけ、乾いた布巾をかぶせ10分蒸らす。
⑥⑤を好みの形にして人数分にまとめる。
⑦笹の葉（または竹の皮なら8枚）を用意し、塩を少し加えた熱湯に通して消毒し、布巾で水気を拭いておく。
⑧広げた笹の葉（竹の皮）で炊き込みご飯を包み、湯通ししておいた三つ葉で結んでちまき風に仕上げる。
⑨好みにより蒸し器で熱くして出来上がり。
⑩フキは塩を振りかけ板ずりをして、色よくゆでた後、冷水に取り、水の中で皮をむき、長さ4㎝に切りそろえ、調味料（B）を鍋に取り、中火で15分くらい煮る。煮汁がよくまわるように鍋を傾けて、ほとんど汁がなくなるまで鍋返しをし、山椒の実を加え、仕上りに削りガツオをまぶし、⑨の付け合せとします。

材料（4人分）

・米	3カップ
・だし汁	660ml
・酒	大さじ3
・ゼンマイ水煮	40g
・タケノコ水煮	150g
・油揚げ	1枚
・エビむき身	8尾
・空豆	8個
・笹の葉	12～16枚
・三つ葉	小1束
・塩	少々

■調味料

（A）	・薄口しょうゆ	大さじ3
	・みりん	大さじ1
	・酒	大さじ2
	・塩	小さじ1/2

【フキの煮物付け合せ】

■材料(4人分)

・フキ	中2本
・サンショウの実	10g
・削りガツオ	10g

■調味料

（B）	・水	50ml
	・薄口しょうゆ	大さじ2
	・みりん	大さじ1
	・酢	大さじ1

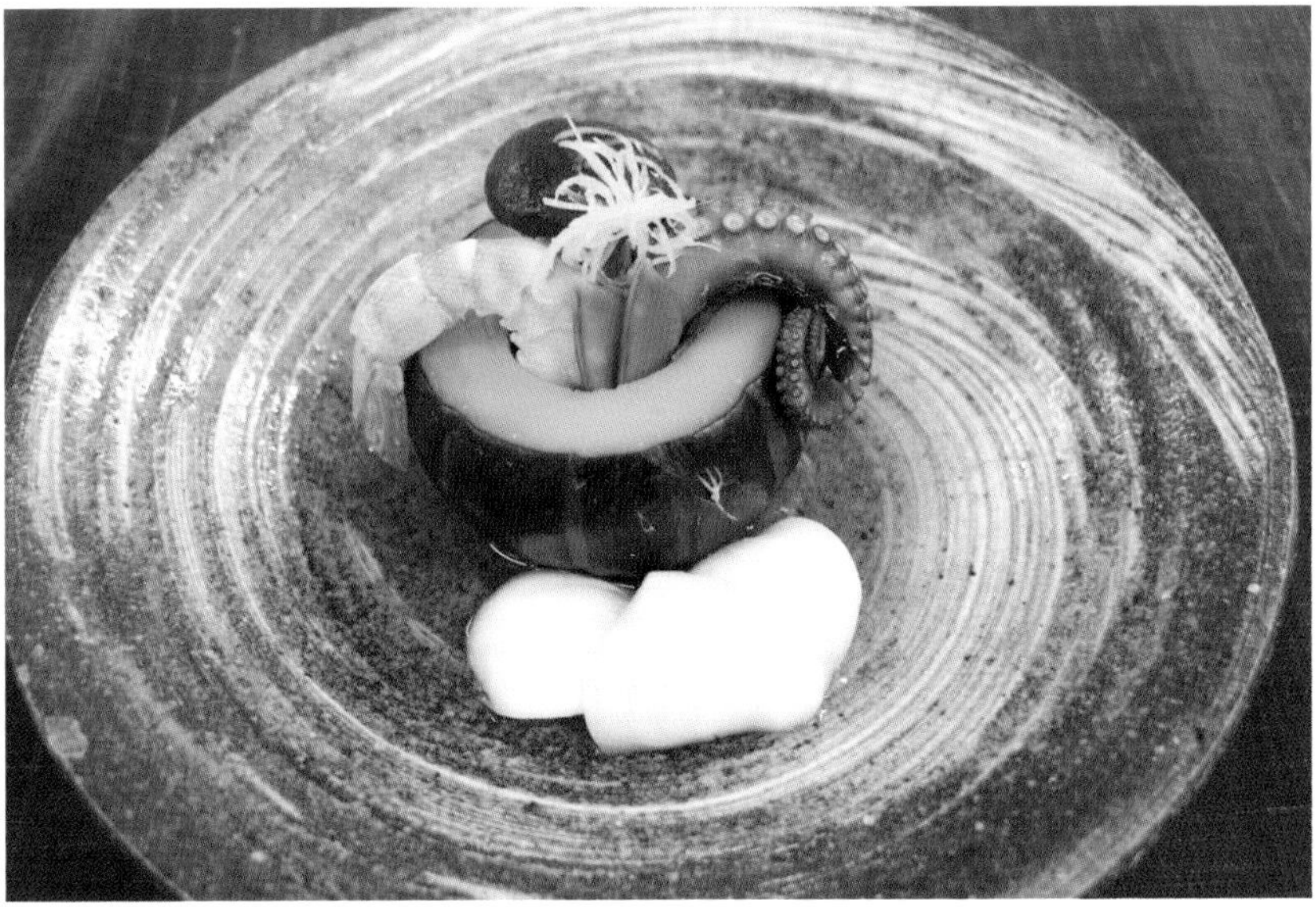

姫南瓜旬先取り壺蒸煮《ひめかぼちゃ　しゅんさきどりつぼむしに》

春の食膳は造り（刺身）以外は熱い物がおもてなしの時候で、器に盛り上がるほど出し過ぎず、もう少し欲しいという頃合いが旬食材の扱い方です。一方、春の吸い地、煮汁は多目に張る（春）、秋はお酒の献立が多いので汁気を少なくすれば喜ばれます。料理暦は3～5月を春、6～8月を夏、9～11月を秋、12～2月を冬、この間の時季を晩春とか、初夏、初冬と趣を変えます。家庭でも〝献立〟を作り、食卓に季節の話題を盛り込んではいかがでしょう。

下ごしらえ

❶小さいサイズの姫カボチャは皮の溝をよく洗い、ヘタを上に

して2対8の割合で庖丁する（切ること）。
❷タコ足をゆがき、一口大に切りそろえておく。
❸タイガーエビは、塩少々を加えてさっとゆがき、殻をむく。
❹松キノコを切りそろえる（松キノコはマツタケの一種で、歯応えがあり、マツタケに似ているが別物）。
❺サヤエンドウは、中の豆が育ちすぎていない物を用意し、筋を取り、さっとゆがいてざるに上げ、そのまま冷ます。
❻ユリ根は3カケ（1人前）を外し、洗っておく。
❼ユズ皮は薄く切り取り、白い部分は除いて、幅1㎜の糸切にする。

作り方

①姫カボチャの中身をくり抜き、レンジで5〜6分蒸して（B）のだし汁で煮含め、柔らかくなったら中身を裏ごしして別の鍋に移し、（A）の食材を（B）のだし汁で煮含める。
②裏ごししたカボチャと（A）を、くり抜いたカボチャに再度移し替え、蒸し器でほっこりなるぐらいに蒸す。一度味見をしてカボチャの甘味としょうゆの味が絶妙に合うよう好みで仕上げ、ねっとりした味を堪能する。
※（A）の食材は煮えにくい物から順に入れ、全体が同時に煮含められるよう気配りして、大きめのスプーンとはしを用意し、糸切りにしたユズの皮をトッピングして熱いうちにいただく。

材料（4人分）

・姫カボチャ ………………… 4個

（A）
- ・タコ足 ………………… 2本
- ・タイガーエビ ………… 8匹
- ・松キノコ（小）………… 4本
- ・サヤエンドウ ………… 8個
- ・ユリ根 ………………… 1個

・ユズ皮 ……………………… 1/2個

■調味料

（B）
- ・だし汁 …………… 4カップ
- ・みりん ……… 1/2カップ
- ・薄口しょうゆ … 1/2カップ

※(B)を中鍋に用意する。

わかさぎきみあげ　はるやさいともあげ

公魚黄身揚げ 春野菜共揚げ

今月は「公魚《ワカサギ》黄身揚げ春野菜共揚げ」。天麩羅《てんぷら》の表記は「天竺《てんじく》から来た浪人が売る麩（小麦粉）に羅（薄物衣）を掛けた物」として、江戸時代の戯作者・山東京伝が考案した当て字といわれています。食材は淡白な白身魚、新鮮な旬魚介、野菜などで、衣は冷やし、薄力粉は揚げる寸前に振るいます。天つゆは熱すぎると衣がべたつき、逆に冷たいと揚げ物の温度が下がるので、ほのかに湯気が立つくらいがよいでしょう。

準備・下ごしらえ

❶天ぷら鍋は保温持ちの良い厚手の物を用意する。

❷水、黄身衣は冷やしておく。
❸ワカサギ、タラの芽は水洗いをして水気を切っておく。

作り方

①付け合わせのニンジンは、千切りにしてサラダ油で炒め、みりん、だし汁を少々加え、汁がなくなる寸前に薄口しょうゆを加えて味を調え、ケシの実を振る。
②170～180℃に揚げ油を熱し、揚げる直前に材料に薄力粉（分量外）を振るう。
※温度計がない場合、はしの先を湿らして、小泡が立つか、衣を1滴落とすと中ほどまで沈み、浮き上がって来る時が、揚げるのにベストなタイミング。
③食材が適度に泡立ったら裏返し、全体を同じくらいに火を通し揚げる。
④茶ソバは、味付けのりを軸に巻き、松葉のお飾りのようにして素揚げにする。
※天つゆを使わない人のためにうま塩を用意。味が単体なので、食材の持ち味をより活かしてあっさりと食べられる。

材料（4人分）

- ・ワカサギ …250g（10cm未満の物）
- ・タラの芽 …… 4本
- ・味つけのり …… 4枚
- ・茶ソバ …… 適量
- ・ケシの実 …… 適量
- ・ニンジン …… 小1本
- ニンジンの味付け用
  - ・植物油 …… 適量
  - ・みりん ……大さじ1
  - ・だし汁 ……大さじ2
  - ・薄口しょうゆ …小さじ1

■黄身衣

- ・冷水 ……1カップ強
- ・酒 ……大さじ2
- ・卵黄 …… 4個
- ・スジコ裏ごし……大さじ5
- ・薄力粉 ……1カップ強

冷水に、酒、卵黄、スジコ裏ごしを溶き混ぜて薄力粉を入れ、衣にする。

■うま天つゆ

- （A）
  - ・だし汁 ……500ml
  - ・みりん ……100ml
  - ・薄口しょうゆ ……100ml
  - ・酒 ……大さじ2

小鍋に（A）を取り、煮立たせておく。

■うまみ塩

- （B）
  - ・塩 ……大さじ3
  - ・うまみ調味料 ……大さじ1

小鍋に（B）を取り、空炒りしてすり鉢粉状にして、目の細かいふるいにかける。天つゆの代わりにも使う。

焼き茄子小柱そぼろ《やきなすこばしらそぼろ》 黄金仕立て五月盛《こがねじたてさつきもり》

野菜類のうち、焼き物に合うのはサツマイモ、タケノコ、トウモロコシ、豆類、アスパラなどです。今回はナスに焼ダレを塗って焼き、卵黄と小柱のそぼろを合わせて仕立てました。野菜の焼き物の注意点は、色彩落ちや水分を逃さないよう植物油を塗っておくこと。また、焦げ目を付けるしょうゆ味の焼き物には甘酸味のもの、辛味の効いたもの、かんきつ系の香りのするものを付け合わせ、主材料を引き立てる彩りのあるものを添えます。

下ごしらえ

❶小柱（小さい貝柱、冷凍品）をボールに入れ、海水程度の塩

分濃度のたて塩で洗い、ざるで水気を切る（蛇口を指でふさぎ、水を勢いよく出すこと）。

❷ナスは鮮度の良いものを選び、縦2等分に切り、水に放ってアク抜きをしておく。ニンジンは5㎜角に切って塩を少し入れ、ゆがいておく。

作り方

①小柱は包丁で小さく刻み、白ごまを満遍なく振る。酒大さじ2杯を振りかけ、5分ほど置く。

②ナスの切り口、果肉の部分を包丁で亀甲状に切り込みを入れ、はけで全体に植物油を塗る（油とナスは相性が良い）。

③ナスはオーブンの中火で7～8分、あまり焦げ目を付けないように火加減して、はけで（B）の焼きつけダレを塗り、全体に火を通す（青唐辛子も同様に焼く）。

④手鍋に①を取り、（C）を加え、木しゃくしで汁気がなくなるまで炒り、そぼろ状にする。

⑤別の手鍋に卵黄を入れ、（D）の調味料を加え、焦げないように炒り、④と一緒にしてさらに火を入れ、そぼろを作る。

⑥はじかみショウガは筆状に切り揃え、食べやすい固さに茹で、水気を切って甘酢に浸し、ピンク状になれば付け合わせにする。

⑦ナスの上に⑤を乗せて焼き、出来上がる前にニンジン、みじん切りのパセリを散らす。最後にはじかみショウガと青唐辛子を付け合わせて出来上がり。

材料（4人分）

- 丸ナス …… 4個
- 小柱（小さい貝柱） …… 200g
- 卵黄 …… 2個分
- ニンジン …… 40g
- パセリ …… 2枝
- 白ゴマ …… 大さじ2
- 青唐辛子 …… 8個
- はじかみショウガ …… 4本
- 酒 …… 大さじ2

■甘酢

ボールに（A）を取り、加熱の後、冷ましてレモン汁を加える。

（A）
- 酢 …… 100ml
- 水 …… 100ml
- 砂糖 …… 45g
- 塩 …… 小さじ1/3

- レモン汁 …… 大さじ1

■焼きつけダレ

小鍋に（B）を煮立て、冷ましてからおろしショウガを加える。

（B）
- 濃口しょうゆ …… 大さじ4
- みりん …… 大さじ4
- 酒 …… 大さじ3

- おろしショウガ …… 大さじ1/2

■小柱味（C）
- 砂糖 …… 20g
- 淡口しょうゆ …… 大さじ1/2
- 酒 …… 10ml
- 塩 …… 小さじ1/3

■卵黄そぼろ味（D）
- 砂糖 …… 小さじ1
- 塩 …… 小さじ1/3

ひらからあげと　はるやさいのあまずに

ひら唐揚げと春野菜の甘酢煮

小骨が多く骨切りをしないと食べにくいのがネックのマイナーな魚・ヒラ。しかし、刺し身に煮付け、寿司などの日本料理から欧風料理まで活用できる魚です。岡山ではよく食べられ、岡山県民の〝プライドフィッシュ〟と言ってもいいでしょう。そんな絶品地魚を料理します。

下ごしらえ

❶ヒラは、うろこと頭、内臓を取り除いたら三枚におろして、皮目から身5㎜を残して骨切りする。※難しければ鮮魚店などに依頼も可。
その後、身を一口大にそぎ切りし、（A）に30分程度浸して、下味を付ける。（A）から取り出したら、キッチンペーパーで

水気を拭き取り、片栗粉をまぶして、160℃の油で2～3分揚げる。さらに180℃に油の温度を上げ、表面がカラッとなるまで揚げる。
❷タケノコは鷹の爪と砂糖の入った湯でボイルし、あく抜きした後、水によく浸して竹皮を取り除く。その後、好みの形に一口大に切る。※水煮のタケノコでも可。
❸ニンジンは一口大に乱切りにし、かために下ゆでする。
❹リンゴは5、6㎜厚さの一口大にカットして、塩水に入れてあく止めしておく。

作り方

①玉ネギを幅2㎝ほどのくし形に切る。ピーマンは3㎝ほどの乱切りにし、シイタケは食べやすいよう好みの形に切る。
②タケノコ、ニンジン、シイタケ、玉ネギ、ピーマンを130℃ほどの油で、中程度に泡が立つくらい油通しをしておく。
③鍋に植物油を入れ熱したら、②の食材を加えて加熱し火を通す。仕上げ前にリンゴとカシューナッツを入れ、さらに（B）を加える。煮立ったら水溶き片栗粉を加えてとろみが出たら火を止める。
④ヒラの中骨は小麦粉をまぶし、二度揚げして、食べられるようカラッと仕上げる。
⑤ヒラの唐揚げを皿に盛り付け、その上に③をかけ、ヒラの中骨を立たせて盛り付ければ、出来上がり。

材料（4人分）

- ・ヒラ……250g
- ・タケノコ……1本
- ・シイタケ……4枚
- ・カシューナッツ……8個
- ・ニンジン……40g
- ・玉ネギ……小1個
- ・ピーマン……1個
- ・リンゴ……1/2個
- ・鷹の爪……1本
- ・砂糖……適量
- ・片栗粉……適量
- ・植物油（揚げ用）……適量
- ・植物油（炒め用）……大さじ2
- ・小麦粉……適量
- ・塩……適量

■漬地(A)
- ・濃口しょう油……大さじ1強
- ・酒……大さじ1強
- ・ショウガ（スライス）……1片
- ・ネギ（小口切り）……1本

※すべてを混ぜておく。

■割下地(B)
- ・だし汁……120ml
- ・酢……20ml
- ・淡口しょう油……大さじ2強
- ・砂糖……大さじ2半

※すべてを鍋に入れ加熱しておく。

花見宴《はなみうたげ》創作手こねずし《そうさくてこねずし》

最近の回転ずしでは、天ぷらやマヨネーズ、チーズなどを使ったものが登場し、子どもや若者に好まれています。そこで今回は遊び心を持った創作ずしを作ります。

下ごしらえ

❶ご飯をすしおけに移して（A）をかけ、木しゃもじで混ぜる。うちわであおぎ、人肌まで冷ます。
❷エビは串を通してゆでる。その後、殻をむいて軽く塩、酢を振っておく。
❸レンコンは皮をむいたら水にさらし、塩、酢の入った湯で串が通るくらいまでゆで、（B）に漬ける。その後、縦に回し切りする。
❹キュウリの半分を縦2㎜に薄切りし、残りは5㎜角の棒状に。アボカドは3㎜にスライスする。
❺アサリは酒を振り、さっと湯通ししたら、塩、レモン汁をかけ小麦粉、溶き卵、パン粉の順にまぶす。アサリに竹串を刺し180℃で揚げる。
❻（C）を玉子焼き機で焼き、巻きすで形を整える。

作り方

①干しシイタケは水に30分間浸し戻す。戻し汁400㎖に砂糖、みりん、濃口しょう油を入れて汁がなくなるまで煮る。煮えたら、煮汁を絞ってスライスする。
②（D）に、5㎜角の棒状に切ったニンジンを入れ、弱火でことことと煮含める。ニンジンを取りだした後にワラビを入れて同様に煮含める。

③生ハムを刻み、ツナとマヨネーズであえたら、半分に切った巻のりに、1・5㎝幅になるように乗せて巻く。

④巻のりにすし飯を1㎝幅で敷いたら裏返し、その上に③を置いて巻く。巻けたら、表面にトビコをまぶす。

⑤④で残った巻のりの上に、キュウリ、ニンジン、エビ、(C)、シイタケを置いて巻く。別の巻のりにすし飯を1㎝幅で敷き、その上にキュウリなどの巻物を乗せて巻く。

⑥残った食材は細かく刻み、残りのすし飯に混ぜ込む。回し切りにしておいたレンコンを筒状にし、その中にすし飯を半分盛る。残りは大豆シートで全体を包み長方形に整え、薄切りのキュウリを帯のように巻く。

⑦スライスしたアボカドを皿に並べ、その上にレンコンで作ったすしを乗せる。さらにその上に(E)を盛り付ける。太巻きは自分なりに、自由に盛り付ければ出来上がり。

材料(4人分)

- 米(炊いておく) …… 3カップ
- 大豆シート …… 8枚(10cm角)
- 生ハム …… 4枚
- エビ …… 8尾
- ツナ缶詰 …… 1個
- アボカド …… 1個
- レンコン …… 1節
- あく抜きワラビ …… 1把
- 干しシイタケ …… 8枚
- キュウリ …… 1本
- ニンジン …… 小1本
- 巻のり(21㎝×19㎝) …… 4枚
- マヨネーズ …… 適量
- トビコ …… 40g
- 酢 …… 適量
- 塩 …… 適量
- 砂糖 …… 大さじ3
- みりん …… 20ml
- 濃口しょう油 …… 40ml

【合わせ酢】(A)※混ぜておく
- 酢 …… 100ml
- 砂糖 …… 65g
- 塩 …… 15g

【甘酢】(B)※混ぜておく
- 酢 …… 100ml
- 水 …… 100m
- 砂糖 …… 27g
- 鷹の爪 …… 1本

【玉子焼き】(C)※混ぜておく
- だし汁 …… 大さじ1.5
- 砂糖 …… 小さじ4
- 塩 …… 小さじ3/4
- 卵 …… 4個

【漬け汁】(D)※混ぜておく
- だし汁 …… 120ml
- みりん …… 10ml
- 薄口しょうゆ …… 10ml

【アサリのフライ】(E)
- アサリ(むき身) …… 8個
- 酒 …… 適量
- レモン汁 …… 小さじ1
- 塩 …… 適量
- 小麦粉 …… 適量
- 溶き卵 …… 適量
- パン粉 …… 適量
- 揚げ油 …… 適量

旬食材土鍋仕立て《しゅんしょくざいどなべじたて》
花散らし炊き込み寿司《はなちらしたきこみずし》

緑鮮やかな若葉、青菜、初夏野菜、山菜の出そろう時期。産地米と豊富な旬の野菜、魚介類を、色彩と香り滋味を考え、素朴な味わいのある土鍋に託してみました。食材は熱がじんわり伝わってふっくら艶やかで甘味も十分。自然の恵みに感謝しながら〝花散らし炊き込み寿司〟を紹介します。

下ごしらえ

❶米は、といでザルにあげ、30分ほど置いて水気をきる。

❷干しシイタケは、2カップの水に戻して軸を切り、小口より薄切りにする。

❸ゼンマイは、汚れとうぶ毛を取り、たっぷりの水と2分の1のアクを沸かしてゆがく。薄いところ、厚いところを加減して全体を同じ固さにゆでるのがポイント。後で水にさらし、少し芯が残る程度にする。

アク

熱湯1・8ℓにワラ灰または木灰50gを入れて1日置き、上澄みをこしたもの。または重曹（使用基準に注意）を入れてゆがく。どちらの方法も食物繊維を柔らかくし、アクが抜ける。アク自体は体に悪い物ではないが、アク、重曹を用いた時は若干の渋味、酸味が残るため水によくさらすこと。強いアク抜きは原液でゆがく。

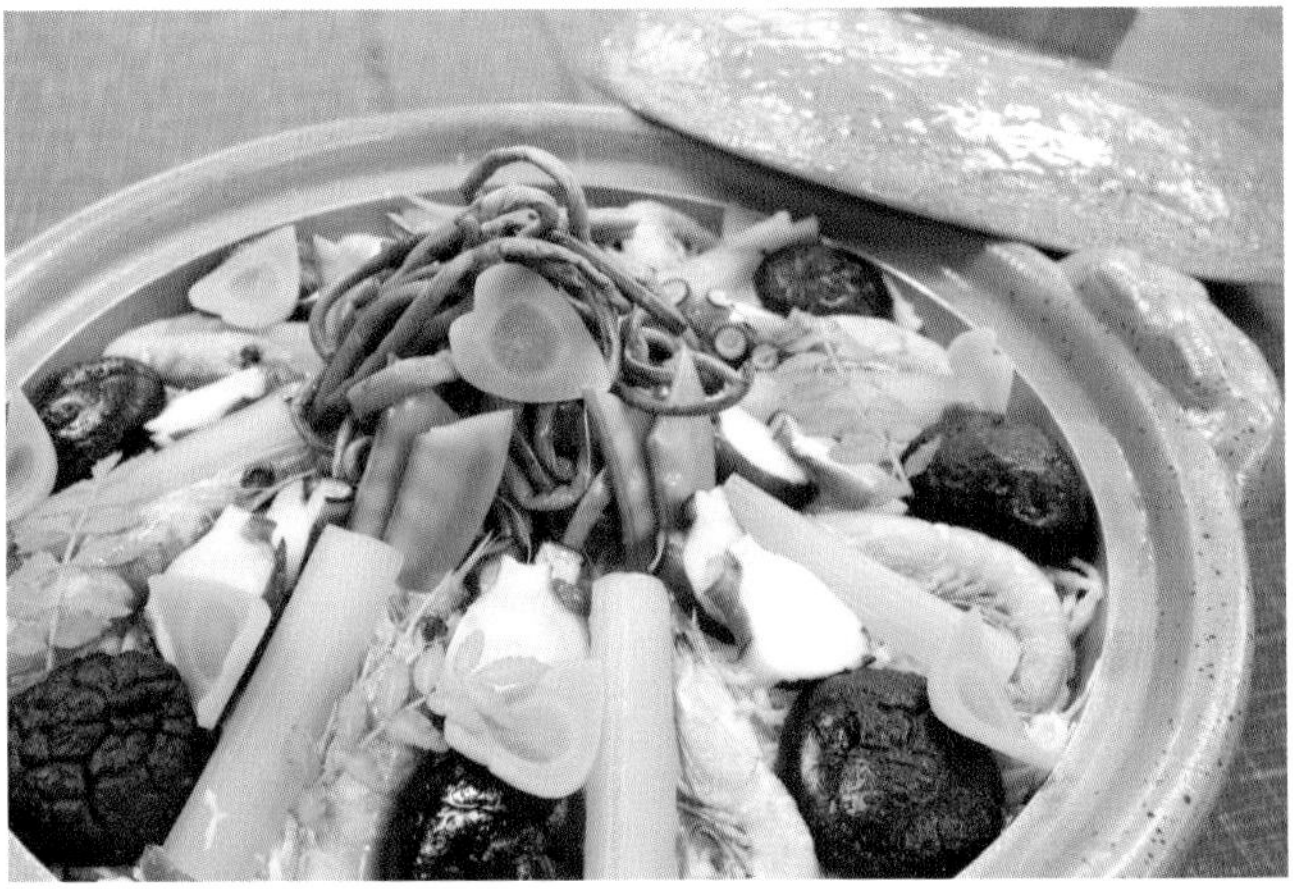

作り方

①フキは、塩を振りかけ、まな板上で転がして板ずりする。湯で色良くゆでて冷水にさらし、皮をむき、幅3㎝に切り甘酢（C）に浸す。

②サヤエンドウは、筋を取り、塩少々を入れた熱湯でさっとゆがいて冷やす。

③ニンジンは、厚さ1㎜にスライスして花形に抜く。干しシイタケは、足を切り取り小口より薄く切りそろえておく。

④ゼンマイは、鉄分を嫌うのでステンレス包丁で長さ4㎝に切る。

⑤鍋に、調味料（A）と②③を入れ、煮立ったらふたはせずに弱火にで10分ほど煮て火を止め、汁に漬けたまま冷やし、ザルにあげ水気を切る。

⑥土鍋に米を入れ、水510㎖、調味料（B）を加え、ふたをして炊く。

⑦ボウルで卵を溶きほぐし、卵の調味料を加え、卵焼きフライパンで薄焼き錦糸卵に焼き上げ、冷めてから4等分に切り、小口より幅3㎝の細切りにする。

⑧小エビは、ゆがいて皮を取り、薄く塩をはたき、甘酢（C）に浸す。ゆでダコは熱湯でさっとゆがき、小口より厚さ3㎜の輪切りにして酢をかける。

⑨⑧に④、⑤を乗せてむらす。魚介類の半分をしゃくしで混ぜ込み、⑦を炊き込んで上にちらし、残り半分の魚介類を花が咲いたように見せ、土鍋のまま卓上に出して、各自に取り分ける。

材料（4人分）

- ・米 ……………… 3合(540ml)
- ・干しシイタケ(中) ……………… 4枚
- ・ゼンマイ ……………… 1把(100g)
- ・フキ ……………… 2本
- ・サヤエンドウ ……………… 40g
- ・ニンジン ……………… 50g
- ・卵 ……………… 2個
- ・ゆでダコの足 ……………… 150g
- ・小エビ ……………… 16尾

■卵の調味料(5:1)

- ・砂糖 ……………… 小さじ2
- ・塩 ……………… 少々
- ・酒 ……………… 大さじ1
- ・植物油 ……………… 適量

■調味料(A)

- ・砂糖 ……………… 大さじ1.5
- ・酒 ……………… 大さじ1.5
- ・淡口しょう油 ……………… 大さじ1.5
- ・だし汁 ……………… 1カップ
- ・シイタケ残り汁 ……………… 1カップ

■調味料(B)

- ・酒 ……………… 大さじ1
- ・酢 ……………… 大さじ5.5
- ・砂糖 ……………… 大さじ3.5
- ・塩 ……………… 小さじ1.2

■甘酢(C)

- ・酢 ……………… 50ml
- ・水 ……………… 100ml
- ・砂糖 ……………… 40g
- ・塩 ……………… 小さじ2/5

焼茄子小柱《やきなすこばしら》 胡麻クリームがけ《ごまくりーむがけ》

煮る、焼く、炒める、揚げる、漬けるなど調味や調理法が万能なナス。そんなナスは、色があせてしまうと「ぼけなす」と呼ばれることも。同じように貝の足がダラリと垂れているものを「バカ貝」と呼びます。このような名前はおいしい食材には似合いませんね。私たちは食材から命をいただいています。常に感謝の思いを持ちながら料理を作りたいものです。

下ごしらえ

❶ナスを斜め楕円形（厚さ1㎝）に切る。切り口に竹串で穴をあけ、酢を入れた水にさらしアク止めする。

❷絹ごし豆腐は重石を乗せ1時間ほど水切りする。
❸固ゆでのゆで卵を作り、黄身部分をうらごしする。
❹サヤエンドウは筋を取り除き、ニンジンは5㎝幅の短冊切りにし、塩を加えて固めにゆでる。
❺フードプロセッサーに、（B）のだし汁以外の材料を入れ、だし汁を少しずつ加えてミックスする。どろりとした固さになればOK。

作り方

①はけでナスにサラダ油を塗ったら、オーブントースターで10分、6割くらい火が通るまで焼く。その後（C）をナスに塗り、約10分、表面に焼き色が付くまで再度焼く。
②小柱は7㎜角に切り、ニンジンとともに塩、コショウをして炒める。
③②と（B）をあえたら、焼いたナスの上に盛り付け、オーブンで薄いきつね色になるまで焼く。
④③が仕上がる前に、裏ごしした黄身を上に品良く散らす。
⑤④を皿に2つ盛り付ける。その時、2つをずらして置くことがコツ。そこに、サヤエンドウと新ショウガを飾り付けたら出来上がり。

材料（4人分）

- ・丸ナス……2個
- ・小柱……1パック
- ・サヤエンドウ……12枚
- ・ニンジン……30g
- ・卵……1個
- ・塩……適量
- ・酢……適量
- ・サラダ油……適量
- ・コショウ……適量

■甘酢新ショウガ浸し（A）
- ・新ショウガ……1個
- ・酢……大さじ3
- ・みりん……大さじ3
- ・塩……小さじ1/4

※新ショウガを筆の形にむいてゆで、新ショウガ以外の材料を合わせた甘酢に30分ほど漬けておく。

■白ゴマクリーム（B）
- ・絹ごし豆腐……1丁
- ・白ゴマ……大さじ3
- ・砂糖……大さじ2
- ・塩……小さじ1/2
- ・薄口しょう油……大さじ1
- ・だし汁……60ml

■焼きだれ（C）
- ・濃口しょう油……小さじ2
- ・みりん……小さじ2
- ・酒……小さじ2
- ・ショウガ汁……小さじ1

※全ての材料を鍋に入れ、加熱して合わせておく。

夏

すずきのあらい・ゆびき　りょうふうじたて

スズキの洗い・湯引き
涼風仕立て

梅雨に入ると食欲が落ちる時季。夏を代表するスズキ料理はいかがでしょう。成長するにつれ、呼び名の変わる出世魚。3～4年で成魚となり、肉は白身で淡泊。旬の夏季には、脂肪が適度に乗り、プリプリとした歯応えを楽しむ夏料理として「洗い」「湯引き」「刺身」に利用されます。

作り方

①付け合わせを準備する。まず、ダイコンは7㎝幅くらいに切り、皮を除いて桂むきにする（鮮魚店で用意してもらってもよい）。ニンジンも同様に桂むきにする。どちらも2分の1は剣（けん）に切りそろえ、残りは斜めに切って冷水にさらしておく。

②タマネギは、扇形に薄くスライスして冷水に放つ。
③キャベツは、しんの太いところに3分の2まで包丁で切り込みを入れ、縦長に小口よりごく薄く切り、冷水に放ち、花模様にシャキッとさせる。
④ビワは皮をむき、ダイコンの薄切りの一部を花びら型で抜き、花弁の中に飾る。
⑤ワサビは掃除して水にさらし、おろし金でおろし、包丁の峰でたたいて粘りを出しておく。
⑥スズキは、3枚におろし、上下身2枚の真ん中の中骨に沿って包丁を入れ、中骨を切り取り、半分は、皮を取り除き、半分は皮を付けたままにしておく。
1）皮を除いた身は、表面に斜め格子のような〝鹿の子状〟に3分の2程度に切り込み を入れ、裏返して厚さ5㎜に切り落とし、氷水に放つ。
2）残り半分は、皮目をバーナーで焼き、身が縮み反り返ったところを見て氷水に放ち、 引き揚げ、皮目に隠し包丁を入れ、小口からそぎ切る。
⑦器に氷の塊を散らし、青ジソを敷き、ダイコンの剣を盛り、ニンジンの剣や撚《よ》れたニンジン、赤タマネギ、キャベツを水に漂わせて作った矢車、ビワ、花穂ジソを飾り、スズキの洗い、湯引きを盛り合わせ、涼しさを演出する。

材料（4人分）

・スズキの切り身…………………　300g
（鮮度の良い活けじめしたもの）
・氷…………………………………　適量
・ダイコン…………………………　7㎝幅
・花穂ジソ…………………………　4枚
・ニンジン…………………………　4㎝幅
・青ジソ……………………………　4枚
・ワサビ……………………………　1本
・ビワ………………………………　4個
・赤タマネギ………………………　1/2個
・キャベツのしん…………………　1本

■調味料

・生じょう油………………………　適量

【洗いと湯引き】

スズキは、うろこを引いてエラ、内臓を取り除き、3枚におろしてそぎ切りにする。氷水に落とし、手でかき回し、洗い、身が締まって反り返るころを見計らって引き揚げ、水気をふき取る。
一方、湯引きは50℃強の湯の中で洗い、チリチリとしたころを見計らって氷水につけ、水気をふき取る。

■メモ　20〜25㎝を「セイゴ」、30〜60㎝を「フッコ」、それ以上の成魚を「スズキ」と呼び、洗いや湯引きにはスズキになる前がよいといわれます。日本料理、西洋料理、中国料理のいずれの料理にもうま味を生かせる、万国共通の〝万能魚〟といえます。

コチの唐揚《からあげ》フキいかだと《ふきいかだと》チップ野菜《やさい》あんかけ

こちのからあげふきいかだと　ちっぷやさいあんかけ

夏になると白身魚がおいしくなり、鯒《コチ》の出番。鯒は敵に出会うと飛び跳ねて逃げるので、踊りの〝甬《ヨウ》〟の字の借用などといわれています。また、野菜群は淡白なので味付けや油脂をからませ、魚介などのだし汁と組み合わせます。料理の基本に「春は苦味、夏は酸味、秋は渋味、冬は甘味を楽しむこと」とあります。旬の野菜でも保存の効く野菜は多めに仕入れて常備菜とします。今回は常備菜を取り入れてみました。

作り方

①フキは葉を取り、茎を鍋の大きさに合わせて切りそろえ、塩

を振り、まな板で板ずりをする。フキが浸るくらいボールに水を張り、炭酸を少量加えて30分浸す。

②①を色よくゆがいて冷水に取り、筋を取るように皮をむき水気を取って、（A）に1時間浸す。その後、さっと火を通し、そのまま含ませておく。

③皮をむいたレンコンは、水を張ったボールに入れ、酢を加えてアク止めをした後、湯を沸かし酢を少々加え、串が通るくらいにゆで、（B）に浸した後、薄切りにしてタカの爪と一緒に浸しておく。

④シイタケは石づきを取り、一度厚さ5㎜に切って冷凍乾燥させる。サツマ芋、ニンジン、カボチャは厚さ3㎜の一口大に切りそろえ、陰干しにした後、160℃の油で揚げ、盛りつけ直前に再び180℃の油でカラリと揚げる。針ショウガを打って水にさらしピンとさせる。

⑤下ごしらえしたコチは、水気を拭き取り、かたくり粉をまぶし、180℃の油でカラリと揚げる。

⑥長ネギは、直火で焦げ目を付け、一口大に切ってシイタケとともに（C）を煮立て、一度見て調整し、ネギを除き、水溶きかたくり粉を少しずつ加えながら好みの硬さに仕上げる。

⑦温めた器に温めたフキを敷き、コチをのせ、レンコンを添え、タカの爪を散らす。周りに揚げた野菜を盛りつけ、あんをかけ、針ショウガを天盛りにする。

材料（4人分）

- ・コチ ……………… 1本（30〜40㎝）
- ・フキ ……………………………… 2本
- ・レンコン………………………… 1節
- ・タカの爪 ……………………… 1本
- ・シイタケ…………………… 4枚（小）
- ・サツマ芋 ………………… 1本（中）
- ・ニンジン ……………………… 50g
- ・カボチャ ……………………… 80g
- ・長ネギ ………………………12㎝
- ・ショウガ………………………… 40g
- ・炭酸またはふくらし粉、かたくり粉、揚げ油、酒、酢、塩、コショウはいずれも適量

■フキの浸し汁（A）
だし汁…2カップ、酒…80ml、塩…小さじ1、かつお節…1/2カップ

■浸しレンコンの甘酢（B）　水…2カップ、酢…大さじ3、砂糖…大さじ3、塩…小さじ1弱、タカの爪　1本

■かけあん（C）　だし汁…2カップ、みりん…小さじ4、薄口しょうゆ…小さじ4、塩…小さじ2/5、かたくり粉…小さじ4〜5、水…大さじ3

■コチの下ごしらえ
背びれ、腹びれをハサミで切り落とす。布きんで押さえてウロコを取り、腹下の血合いを取り、きれいに水洗いして頭と胴に切り分け、大きさによって3枚おりしか筒切りにする。腹骨をすき、骨を抜き、一口大に切りそろえる。塩、コショウを振り、約20分後に酒を振りかけておく。

なつやさいすあげと　はものゆびきびたし

夏野菜素揚げと鱧の湯引き浸し

太陽と水と土の循環でおいしい夏野菜が育つ季節。夏野菜で思い浮かぶのは豆類？　果菜類で露地物のキュウリ、ピーマン、トマト、ナス、スイカ、それともかんきつ系？　おいしくいただくには、香辛料や酢、塩、植物油を組み合わせた素食※にプラス、旬の魚介を使います。今回は、脂肪含有量が多く上品なうまみを持つハモを使った一品を紹介します。

下ごしらえ

骨切りをしたハモは、塩、酒少々を振り、7分ほどして表面をふき取り、小麦粉をまぶす。エビは殻を取り、背ワタを外

※注　素食：肉類を加えない料理のこと

して塩、酒少々を振り、しばらく置いて表面をふき、小麦粉をまぶす。ナスは長めの一口大に切りそろえる。キヌサヤエンドウはスジを取る（折ってパキッと音のするものが新鮮）。レンコンは皮をむき厚さ３㎜に、カボチャは厚さ２㎜に切る。フルーツトマトは２００℃のオーブンで10分焼いておく。黄ピーマンは一口大に切りそろえておく。

作り方

①まず野菜類から揚げる。ピーナツは１６０℃くらいでゆっくり時間をかけて揚げ、一度油を切って、二度揚げにしてカラリとさせる。

②黄ピーマンは、１７０℃くらいで芯が残る程度で引き揚げ、浸し地へ浸す。

③レンコン、カボチャは１７０℃くらいで芯が残る程度で引き揚げ、二度揚げでカリッとさせ、浸し地へ。

④ナスは１８０℃くらいで皮が濃いナス色になったら揚げ、キヌサヤエンドウは軽く揚げる程度で、それぞれ浸し地へ浸す。

⑤ハモ、エビは余分な小麦粉をはたいて、野菜を揚げた後に揚げる。それぞれ熱いうちに浸し地に15分程浸し込み、器に盛り込む。サンショウの葉を添えて出来上がり。温・冷はお好みで。

材料（4人分）

・ハモの切り身	250g
・むきエビ	4尾
・小麦粉	適量
・植物油（揚げ用）	適量
・ナス	1本
・キヌサヤエンドウ	8枚
・レンコン	80g
・カボチャ	150g
・フルーツトマト	8個
・黄ピーマン	60g
・ピーナツ	12個
・サンショウの葉	4枚

■調味料

・酒	少々
・塩	少々

■浸し地の作り方

・だし汁	500ml
・淡口しょうゆ	25ml
・濃口しょうゆ	25ml
・みりん	50ml
・チリソース	小さじ2

全部をボウルに入れて混ぜ合わせ、一度味をみて好みの味に調節する。

瀬戸内ダコの柔らか煮・冷製野菜添え《せとうちだこのやわらかに・れいせいやさいぞえ》

瀬戸内の旬の食材の一つにタコ（蛸）があります。脂肪分は少なく、独特の歯応えとさっぱりとした味で昔から日本人に好まれてきました。筋肉にタウリン、亜鉛を豊富に含みます。タウリンは血中コレステロールの上昇を防ぎます。亜鉛は体重70kgの人で体内に1～3mgあるものとされますが、欠乏症になると味覚障害、発達不全、発達障害、食欲不振、貧血などを起こすともいわれています。ミニ知識として覚えておきませんか。

作り方

①タコは、生きたままボウルに入れ、塩を十分にふり入れて手

もみをし、粘り気が出てきたら水で洗い流す。また同じように3回くらい繰り返すと粘り気が取れて、シコシコの状態になる。吸盤の中に汚れが残っていることがあるので、きれいに洗い流す。
②タコの足は、ビール瓶などで軽くたたいて繊維を壊しておく。
③沸騰した湯を用意し、水を差し加えて90℃くらいにしてタコの足を入れる。30秒たったら水に入れ、表面の汚れやぬめりを取り除き、水気をふき取っておく（霜降りづくり）。
④鍋にサイダー、日本酒、薄口しょう油、みりんを煮立て、③のタコを入れて煮立ったら火加減を弱火かとろ火にする。このとき、タコが動かないように落しぶたをして約1時間煮る。
⑤ゴーヤは、縦向きに切って種を取り除き、3㎜幅のスライスにして、洗ってから強火で1分ぐらい湯通しをして引き上げ、氷水に入れ、色止めをする。全体に砂糖を軽く振っておく。
⑥ミニトマトは、さっと湯通しして皮を除いておく。
⑦オリーブの実は、金串でところどころ穴を開け、湯通しをして、水を張った別の器にオリーブを浸し、塩気を抜く。
⑧④の仕上がる10分前、⑤、⑥、⑦を鍋で一緒にして煮る。タコは長さ3㎝に切りそろえボウルに全部移し、冷蔵庫で冷ます。
⑨器に盛り付け、練りがらしを天盛りするにする。

■材料（4人分）

- ・生ダコの足 …………… 4本（600g）
- ・ゴーヤ …………………… 1本（中）
- ・ミニトマト …………………… 4個
- ・塩漬けオリーブの実 …………… 8個

■調味料

- ・サイダー …………………… 300cc
- ・日本酒 ……………………… 1カップ
- ・薄口しょう油 ………………… 1カップ
- ・みりん ……………………… 100cc
- ・塩、砂糖、練りからし ……… 各適量

※サイダーの代わりに重曹を使う場合、重曹…大さじ1杯、砂糖2分の1カップ、水…300cc、砂糖…好みで適量

■メモ　タコは炭酸水やサイダー、コーラ、ビールなどで煮ると軟らかくなります。煮付けのポイントは、霜降りづくりにしてきれいに煮ること。煮汁は、タコが8割ぐらいかぶるくらいに。ちなみに、魚介類は煮汁が沸騰してからそっと入れます。落としぶたをしたら、小さなあぶくが絶え間なく出ている状態に。できるだけ短時間に煮上げましょう。

はもとみのりふきよせふう　たまごどうふ

鱧と実り吹き寄せ風卵豆腐

夏の代表的な味覚の一つ「鱧《ハモ》」は、湯引き、ちり、刺身、焼き物、揚げ物、蒸し物など用途の広い魚です。脂がのっていても淡泊で上品なうま味を持っているのが特長。主に関西以西でよく食べられています。生命力が強く、わずかな水でも長時間生き続け、切り離して頭だけになっても噛《か》みつくといわれ、その名は「食《は》む」「噛む」から転じて「ハモ」と呼ばれるようなったともいわれています。

作り方

①ハモを開き、ワタ、中骨を除いた後、皮側をまな板にぴったり張りつけ、包丁を向こう側に押し出すようにしながら骨切

りをし（3㎝幅に20カ所以上切り込みを入れ、皮1枚残して切る）、5㎝幅に切り離し、人数分を用意する。
②①の切り身に、振り塩、レモン汁、酒をかける。15分ほどたったらふきんで水気を取り、くず粉をハケで切り込みの中まではたき込む。鍋に湯を沸かし、ハモの皮を下にしてしゃくしに乗せ湯引きする。皮が柔らかくなったら身まで浸し、パッと身が開いたら氷水に取り、引き揚げて水気を切っておく。
③キュウリは幅4㎝、厚さ2㎜にスライスし、薄く塩を振っておく。塩が強いと、水分とうま味が抜けるので注意を。
④トウガンは一口大に花模様など好みの形に切り、シメジも切っておき、八方だし汁、トウガン、シメジ、トウモロコシを煮立て、火が通ったらそのままの状態で冷まし、煮含ませる。
⑤卵豆腐は、ボウルを用意し、卵を割り入れ、冷ましておいただし汁、塩、みりんを加えて少し溶き、練りウニを加えてさらに溶き混ぜる。一度裏ごしして、だまや泡を取り除く。
⑥プチトマトは湯むきして厚さ2㎜の横切りにする。トウモロコシは、はがして粒だけにして、サッと1％食塩水でゆがいて水気を切る。
⑦蒸し器を熱しておき、抜き型か流し缶を用意し、周囲にすき間なく③のキュウリのスライスを張り付け、⑤を流し入れ、⑥を色鮮やかに散らし、②のハモを配し、熱した蒸し器に入れ、水滴が垂れないようにふきんを掛け、初めは強火で5～6分加熱、後は弱火にして、茶わん蒸しの要領で〝す〟が入らないよう蒸し上げる。
⑧深みのある皿に⑦を移し、④を再び温め直し、皿の周りに盛り込み、レモンスライス、おろしショウガ、きざみのりを天盛りにして温かいうちにいただく。

■材料（4人分）

・ハモ……………………………350g
・トウガン………………………150g
・トウモロコシ（生粒）…………大さじ4
・プチトマト………………………4個
・シメジ……………………………40g
・キュウリ…………………………小1本
・レモンスライス…………………2枚
・レモン汁………………………小さじ4
・おろしショウガ…………………30g
・きざみのり……………………1つまみ
・くず粉…………………………大さじ3

■調味料
・塩、酒…大さじ2　・練りウニ…大さじ2

■八方だし汁ワンポイント
・だし汁……………………3カップ
・淡口しょう油………………大さじ5
・みりん…大さじ5　・酒………大さじ2
だし汁8:しょう油1:みりん1―の割合で煮炊きする合わせだし汁に。または、だし汁10:しょう油1:みりん1―を2割煮詰めて使う

■卵豆腐ワンポイント
・卵…4個　・だし汁…………200CC
・塩………… 小さじ2分の1～3分の2
・みりん……………………大さじ1
卵豆腐のだし汁と卵の割合（量）は1:1が基本。味加減は、吸い物よりやや濃いめ。練りウニの塩分により加減する

夏野菜とエビの《なつやさいとえびの》冷やし炊き合わせ鉢《ひやしたきあわせばち》

夏が旬の食材を生かした〝冷やし炊き合わせ〟を紹介します。炊き合わせは複数の食味を生かすため別々に煮炊きするので面倒ですが、味・色・香り・調理法に特徴が出ます。食材としてのナスは、暑さを和らげ、口渇、ほてりなどを改善、ナンキンは夏バテ防止、疲労回復の効果があり、体内余剰水分を排水するといわれています。車エビは、色鮮やかで食欲を増進し、枝豆は消化・吸収力を高め、スタミナ不足を補うとされています。

下ごしらえ

【ナスの揚げ煮】

❶ナスはヘタを切り落とし、縦に人数分に切り分け、水でさっと洗い水気をふいておく。

❷植物油を165℃に熱し、ナスを入れ小さな泡が立つくらいで時々返す。果肉が少し色づく程度に素揚げしてザルに取る。熱湯をかけ、油抜きして水気をふいておく。

❸干しエビは、熱湯でさっとゆがいてザルに上げ、赤唐辛子はヘタを取り、種を出しておく。

❹（A）を鍋に取り、ナスと③を入れ、紙ぶたをして約3分煮る。フツフツと静かに煮立つ状態を保ち、鍋ごと冷水に浸して冷まし、汁ごと冷蔵庫でさらに冷ます。

※ナスの色素は100℃までは変色するが、高温処理の場合、比較的安定。スポンジ状の果肉は、油脂吸収しやすいのでおいしくなる。

【ナンキンの含め煮】

❶ナンキンは、一口大に切って面取りをし、軽く皮をむく。

❷（B）を鍋に取り（しょう油半分は残しておく）、ナンキンを入れて煮立て、串が通るくらいになったら残りのしょう油を足す。途中で水分が不足するようならだし汁か水を加える。
❸❷を汁のまま粗熱を取り、冷蔵庫で冷ます。
❹盛りつけの時、削がつおを上から散らす。

【車エビのつや煮】
❶車エビは背わたを抜き、塩水で洗っておく。
❷鍋で（C）を煮立て、車エビを入れて色つやよく仕上げ、汁から出して粗熱を取り、冷蔵庫で冷ます。※だし汁を使うと味がくどくなり、汁につけたままだと縮みやすい。

【枝豆の共地《ともじ》あん煮】
❶枝豆は、塩をして手でもみ、ゆがいてサヤ、うす皮を取り除いて豆だけを使う。
❷鍋に（D）を煮立て、豆を入れて加熱。豆を取り出しておく。くず溶き粉を入れとろりとなったら、取り出した豆を再び入れ、粗熱を取っておく。

作り方

①大きめの器を冷やしておき、冷蔵庫から冷ましたナスの揚げ煮、ナンキンの含め煮、車エビのつや煮を取りそろえ、上から細切りにしたユズを散らす。
②盛りつけは、背の高いものを中心に低いものを順に盛る。また、配色を考えてすき間を埋めるように枝豆の共地あんをかけ流して仕上げる。

材料（4人分）

- ナス ……………… 1.5本
- 干エビ ……………… 大さじ3
- ナンキン ……………… 240g
- 車エビ ……………… 8尾
- 枝豆 ……………… 大4本（豆のみ）
- ユズ ……………… 小1個

■下ごしらえの材料、調味料

【ナスの揚げ煮】
（A）
- だし汁 ……………… 3カップ弱
- みりん ……………… 40ml
- 砂糖 ……………… 大さじ1
- 薄口しょう油 ……………… 大さじ4

- 赤唐辛子 ……………… 1本
- 揚げ油（植物油） ……………… 適量

【ナンキンの含め煮】
（B）
- だし汁 ……………… 3カップ
- 砂糖 ……………… 大さじ2
- みりん ……………… 40ml
- 薄口しょう油 ……………… 40ml

- 削りがつお ……………… 3g

【車エビのつや煮】
（C）
- 水 ……………… 1.5カップ
- 酒 ……………… 40ml
- みりん ……………… 60ml
- 薄口しょう油 … 大さじ2/3

【枝豆の共地（ともじ）あん煮】
（D）
- 白みそ ……………… 大さじ1
- だし汁 ……………… 50ml
- 酒 ……………… 10ml
- 薄口しょう油 … 小さじ1/3

- くず溶き粉（カタクリ粉でも可）
- くず粉 ……………… 大さじ1
- 水 ……………… 大さじ1

タコ・スズキ・夏野菜の冷製油霜《たこ・すずき・なつやさいのれいせいあぶらしも》

旬のタコ、スズキ、夏野菜を使って冷製の油霜を作ってみましょう。タコの語源は「多股《たこ》」という説もあり、煮物、酢物、刺身、ゆで物、天ぷらなど多彩。スズキは、すすぎ洗いしたように美しいことからその名が付いたと言われる出世魚。洗い刺身、塩焼き、椀種《わんだね》、奉書焼きなどがあります。夏の野菜薬味群はビタミンやミネラルによって体調を整え、添えるのではなく一緒に食べる立役者として、食のバランスを楽しみましょう。

夏野菜薬味群の下ごしらえ

ア）キュウリは、スライサーで1㎜の厚さにそぎ切りにする。

イ）長イモは、幅5㎜、長さ4㎝にスライスする。

ウ）ニンジンは、長さ3㎝のマッチ棒大に切りそろえる。

エ）長ネギは、長さ4㎝の糸切に。

オ）青じそは、重ねて細い針状に切る。

カ）カイワレは、ザク切りにする。

・チコリは、１枚ずつはがして器として使用する。
・赤唐辛子は、種を除きハサミで細い糸状に切る。

作り方

①下ごしらえしたア）～カ）は、冷水を入れた別々のボールでシャキッとさせ、水気を切る。
②タコは、塩を振りかけ手もみを十分してぬめりを取り、水洗いをする。まな板に吸盤をくっつかせ、皮を包丁で取り、吸盤も切り取る。皮は一口大に切り、足は厚さ３㎜の一口大にそぎ切りにする。
③スズキは、人数分の数にタコの大きさをそろえ、そぎ切りにする。
④②③はグレープシーズオイル（ぶブドウ種子の絞り油）を鍋に取り、１５０℃～１６０℃に熱し、実が反り返るくらいの生の状態の油霜《あぶらしも》にする。油霜の前に氷のカチ割りに水、酒各1カップをボールに用意し、油霜をしたスズキ、タコを入れて身を締め、ザルにあげ、水気を切る。油霜をすることで、淡白で脂肪分の少ない魚介にコクが出る。
⑤ボールを２つ用意し、ア）～カ）の夏野菜を１つのボールに取り、つけダレの一部で下味をつけ、よく和える。④も同様にしてつけダレの一部を加えてよく和えておく。盛り付ける寸前にごま油をかける。
⑥チコリを用意し、⑤を要領よく盛り、再び付けダレをかけ、針状に切った赤唐辛子をふんわり乗せれば出来上がり。
※油霜……魚介類や肉類に施す下処理のうち、熱湯を通したり（湯引きまたは湯霜という）焼いたり（焼き霜）することがありますが、油霜は１５０℃～１６０℃の中をさっと通し、生の状態のまますばやく冷却する方法。淡白な素材のもつ生臭み、表面のぬめりや血が取れ、表面が固まります。淡白な素材等に利用します。

材料（4人分）

・活ダコの足 ……………………… 2本
・スズキ切り身…………………… 100g
・グレープシーズオイル ………… 適量
・ごま油 ……………………大さじ1
・氷 ………………………………… 適量
・水 …………………………… 1カップ
・酒 …………………………… 1カップ

【夏野菜薬味群】
ア）キュウリ ………………………… 1本
イ）長イモ …………………………… 50g
ウ）ニンジン ………………………… 50g
エ）長ネギ（白い部分） ……… 1/2本
オ）青じそ …………………………… 4枚
カ）カイワレ ………………………… 10g
・チコリ ……………………………… 8枚
・赤唐辛子 …………………………… 1本

【つけダレ】
ボールにすべて入れ、混ぜ合わせて冷やす。
・だし汁 ……………………大さじ4
・薄口しょう油 ……………大さじ4
・炒り白ごま…………………大さじ4
・おろしタマネギ …………大さじ1.5
・おろししょうが …………小さじ2
・酢 …………………………大さじ1

穴子汁かけ飯《あなごしるかけめし》
夏野菜即席漬け添え《なつやさいそくせきづけぞえ》

高湿度で暑い日が続くと食欲は落ち、冷たい飲み物に頼りがち。これではいつもの規則正しい三度の食事も栄養のバランスが崩れてしまいます。こうした時は、おいしいものを食べて栄養をつけ、免疫力や抗酸化作用を高めることが大切。それらの働きを補う旬食材として、穴子（アナゴ）を用いた汁かけ飯があります。夏野菜即席漬けをパクパク食べながら、のどをサッと通り抜ける汁かけご飯なら〝おかわり〟もできそうです。

穴子汁かけ飯の作り方

①ご飯は、好みにより炊きたてか、冷ご飯を用意する。冷ごは

ん の場合は、一度熱湯をさっと通しておく。

※材料で「小盛り8杯分」としたのは、おかわりを想定。

②アナゴは、腹開き（関西風）にしてきれいに洗い、半分の長さに切り、熱湯にさっと湯通しして氷水に取る。まな板に皮目を上にしてのせ、包丁の背でしごいてぬめりを取る。金網に穴子をのせて両面（身、皮目）を白素焼きにする。

※両面火が通ったふっくらした状態が一番おいしい。

③用意したミネラル水にだし昆布を入れ、昆布が膨張したら煮立たないように火加減を調節。20分程度して昆布を取り出し、薄口しょうゆ、みりん、塩を加え、吸い物よりやや濃いめの味にする。

④白いりゴマは、小鍋に白ゴマを取り、弱火で煎って、包丁で荒く刻んでおく。

⑤ミョウガは、沸騰した湯に塩を1つまみ加えてさっとゆがき、固あげにして、冷まし、厚さ3㎜にスライスして軽く酢をふっておく。

⑥大葉、ショウガは、千切りにして冷水に放ち、シャキっとさせる。

⑦のりは、表面に手を添えてうちわであおぐ要領でパリっと焼きあげ、人数分の器に合わせてハサミで切りそろえる。

⑧茶碗にご飯を少なめに盛り、ショウガ、大葉を散らし、のりをきれいに配置し、ミョウガを散らす。一口大に切ったアナゴを盛り、ぶぶあられを散らし、おろしワサビを天盛りにして、③を熱してアナゴの回りから注ぎ込み、少しふたをして、別皿に夏野菜を盛って出来あがり。

■材料（4人分）

・ご飯	小盛り8杯分
・活アナゴ	長さ40㎝2尾
・ミネラル水	800ml
・だし昆布	15㎝角
・白いりゴマ	小さじ4
・ミョウガ	2個
・大葉	小4枚
・巻のり	2枚
・ショウガ	40g
・ぶぶあられ	小4
・おろしワサビ	小4

■調味料

・薄口しょうゆ油	小さじ2
・みりん	小さじ2
・塩	小さじ1.5
・酢	小さじ適量

■夏野菜即席漬けの作り方

①ゴーヤ（中1本）は縦2分の1に切り、ワタをスプーンでかき取り、厚さ3㎜に切り分ける。

②キャベツ（200g）は、はがして一口大に切りそろえる。

③小鍋に熱湯を用意して、①②を入れ、塩1つまみを加えて固めてゆがき、ザルに上げる。

④ビニール袋に③を入れて、ニンニク（1片）のスライスを加え、しょう油（大さじ1・5）を足して、手でもみ30分ほど冷蔵庫で冷やす。

あゆのせごしづくり　わさびぞえ

アユの背越しづくり　わさび酢添え

アユは湖や養殖の池で孵化《ふ》し、6〜7㎝に成長した稚魚を川に放流。5月末ごろアユ釣りが解禁となり、藻を食べ特有の香りを持つので「香魚」とも呼ばれます。天然アユはアンセリン、養殖アユはグリコーゲンなどが豊富でうま味になっています。

下ごしらえ

❶アユは表面のぬめりとウロコを包丁で取り（やり過ぎると香りまで取れてしまう）、腹から尾の方へ向けて指でなぞり汚物を押し出し、胸びれのエラから割り箸を差し込み回転させて内臓をからめて取り出す。胸びれはつけたまま、頭と胴を切り離し、水洗いする。

❷わさびは葉の部分を1㎝ほど残し、先端をとがらして、葉の方からすりおろし、包丁の峰で叩くようにして粘りを出し、器に取って裏返しておく。

作り方

①アユは頭に近い方から包丁で1〜2㎜幅の小口切りにする。ボウルにたっぷりの氷水を用意し、塩を少し加え、立て塩（海水と同じくらいの濃度3%の塩水）にして、蛇口に指を当て勢いよく水を出しながらアユを繰り返し洗い、身を締め、最後に酒を加えてザルに上げ、水気を切り冷蔵する。
②そうめんは片方の端をヒモで結んでゆでておく。
③ナンキンは皮の部分を厚さ2〜3㎜に切り、木の葉型で抜いて固ゆでする。果肉は5㎝の長方形に薄くスライスし、繊切りにして冷水に放ち、盛りつけ寸前に剣として飾る。
④ラディッシュは、小口より薄くスライスして輪のように見せ、冷水にさらしてパリパリ感を出す。
⑤黄ニラは、束ねたまま布きんに包み、熱湯をかけ、冷水に放ち、さっと水気を切る。
⑥花つきキュウリは、花を落とさないよう気を付けて身の部分に塩を少々振り、手指で軽くもむようにして水を流しかけ、色を鮮やかにさせておく。
⑦ミョウガは縦4等分に切り、塩を一つまみ加えてゆがき、ザルに上げて水気を切り、冷めてから（A）の甘酢に漬ける。
⑧器に氷のカチ割りを盛り込み、そうめんを川の流れのように見立て、大葉をバックにアユの背越しづくりを盛り、ミョウガを散らし、花つきキュウリ、ラディッシュ、黄ニラを涼しげに彩りよく盛りつけて夏らしい雰囲気に仕上げる。小皿に（B）を取り、別の器にめんつゆを添えていただく。

材料（4人分）

- 活き若アユ……4〜5尾
- そうめん……2束
- ナンキン……80g
- ラディッシュ……1個
- 黄ニラ……1株
- 花つきキュウリ……4本
- ミョウガ……4本
- 大葉（青ジソ）……4枚
- 穂シソ……8本
- めんつゆ……適宜
- 氷……適宜

■調味料
- 塩……少々
- 酒……少々

(A)ミョウガ甘酢漬け
- だし汁……大さじ2
- 酢……大さじ4
- 砂糖……大さじ2
- 塩……少々

(B)わさび酢
- 生わさび……1本
- 薄口しょうゆ……大さじ3
- 酢……大さじ1

はものてまき　はなふぶきずし

鱧の手巻き花吹雪寿司

鱧《ハモ》は、7、8月ごろ最も脂がのり、卵、乳製品などに多く含まれるレチノールという栄養素を含んでいます。身は白く、上品なうま味を持ち、関西では夏の風物詩として珍重も。難点は小骨の骨切りで、一寸（3㎝）の間に24の切り込みを入れるのが理想とされます。焼き物には1㎏前後の身厚が適し、通常は400～600gが使われます。椀種、酢の物、揚げ物、蒸し物などのほか、高級カマボコにも使用されています。

作り方

①骨切りしたハモは、頭の方から尾に向けて金串を数本打ち、身の方から8分皮目に、2分くらいの素焼きにする。返して(A)の焼きだれを身の方に2回くらい、皮目に1回塗り、こ

んがりアメ色になるまで焼き上げる。このとき金串を回転させ、なるべく丸く縮まないように注意する。

②すし飯の具材の生シイタケは、石づきを切り、全部を厚さ2㎜に切りそろえ、ニンジンは扇形に厚さ1㎜にスライス、スナックエンドウはスジを取り幅1㎝に切る。（B）の煮汁を入れた鍋にシーフードミックスを入れ、煮立ててアクを取る。生シイタケ、ニンジンを加えて煮立て、弱火で15分ほどしたらスナックエンドウを加え、味をみながら火を止め、冷めるまでそのまま含め煮にする。

③洗った米3カップをザルに上げ、しばらくして米と同量の水加減でやや固めに炊飯。飯房に空け、（C）の合わせ酢を回しがけして、木じゃくしで手早く切るように混ぜ合わせる。その中に②を加え、さらに混ぜ、風を当て全体を人肌程度の温かさに保つ。

④洗った日本手ぬぐいを固く絞り、台に広げて巻きすをのせ、さらに巻きすより大きめにラップを広げ、ハモの身を下にして置き、③をハモと同じ大きさに広げ、高さ5㎝くらいの棒状にして巻すとラップごと手で巻き、ヒモなどを巻きつけ安定させる。

⑤包丁をぬらし、ラップを付けたまま、等分に切りそろえて器に盛る。甘酢に一晩漬けたピンクショウガを添え、ハモの上に木の芽を天盛りにして、最後にサンショウの粉を好みの量ふりかけて出来上がり。

材料（4人分）

・ハモ（骨切りしたもの）………… 1枚
・米 ……………………………… 3カップ
（すし飯4～5人分）…………… 100g
・ピンクショウガ ……………… 4枚
・木の芽 ………………………… 8枚
・サンショウの粉 ……………… 適宜

【すし飯の具材】
・生シイタケ（中）……………… 4枚
・ニンジン ……………………… 50g
・スナックエンドウ …………… 8本
・シーフードミックス………… 1.5カップ

【ハモの焼きだれ】（A）
〈作り方〉
①ハモの骨と頭（3g）は、焼いてきつね色にする。
②酒（25ml）、みりん（50ml）を手鍋に入れ、加熱してアルコールを飛ばす。
③赤酒（25ml）、濃口しょうゆ（50ml）、砂糖（20g）を②に加え、布袋に包んだカツオ節を浮かせ、焼いたハモの骨、頭を加えて煮立て、弱火で煮て、こして使う。

【すし具材の煮汁】（B）
〈分量〉だし汁（2カップ）、薄口しょうゆ（50ml）、みりん（50ml）、酒（50ml）

【ピンクしょうがの甘酢】

〈作り方〉水（50ml）、酢（50ml）、砂糖（大さじ1）、塩（小さじ5分の1）をすべて鍋に取り、煮立てて冷ます。

〈下ごしらえ〉ピンクショウガは、好みの形で、ごく薄くスライスし、流水にひたして塩分を抜き、布袋に入れ、重石をして水分を除き、甘酢に一晩漬け込む。

【すし飯の合わせ酢】（C）
〈作り方〉酢（100ml）、砂糖（60g）、塩（20g）をすべて鍋に入れ、加熱して溶かし込む。

あじのいそべあげ　じゅんさいあんかけ

アジの磯部揚げ じゅんさいあんかけ

鯵《アジ》の名前の由来は諸説ありますが、「味がいい」ということから付いたともいわれています。青魚としては、脂肪が少なく、さっぱりした味で高たんぱく、低脂肪。疲労回復や肝機能、免疫力向上の効果やコレステロール値を下げるタウリンが多く含まれ、また、血圧を下げるカリウムも豊富で、代謝を促すビタミンB群、生活習慣予防に効果のある不飽和脂肪酸も多く、〝ヘルシー魚〟の代表格といえる食材です。

下ごしらえ

アジは、新鮮な物を用意し、ゼイゴ（硬いとげ）、ウロコ、頭、内臓を取り除いて水洗いし、3枚におろし、腹骨を包丁で取り除く。身を上にして骨抜きで中骨を抜き取り、身をバットに入れ、固く絞ったふきんをかけ30分ほど冷蔵した後、水気

を取り、よく締める。まな板に取り出し、頭の方向に向け5㎜、厚さ5㎝四方大にそぎ切りにする。小麦粉を軽く振り、余分な小麦粉ははたき落とす。表面によく溶きほぐした卵白をハケで塗り、糸状に切ってある切り昆布を短く切り、身に張り付け、180℃の植物油でカラリと揚げておく。

作り方

①レンコンは皮をむき、厚さ3㎜の花形に切りそろえる。生のトウモロコシは皮とヒゲを取り、長さ3㎝に切り、十字型に切りそろえ、しんの部分は切り取る。
②グリーンアスパラは3㎝に切りそろえ、レンコンとともに160℃〜170℃の植物油で歯ごたえが残るくらいの素揚げにして、油を切っておく。
③ナスは、斜め4等分にそぎ切りにして、160℃の植物油でじっくり揚げ、冷水に取り、皮をむき、水気をよくふいて薄口八方（ア）〈作り方①〉に浸して味を含ませる。
④わけネギは、青いところは幅1㎜の輪切りにして盛り鉢の底に散らし、白い部分はごく細い糸切りにして、冷水にはなち、ピンとさせておき、天盛りに使う。
⑤盛り鉢の底に敷いたわけネギの上に、薄口八方に浸したナスをのせ、上に揚げたアジを重ね、①②の野菜を盛り込む。
⑥（ア）の要領で作った薄口八方あんを上と周囲にかけ、白いわけネギを天盛りにして出来上がり。タカの爪のピリリとしたアクセントと赤色で食欲を引き起こさせる。

材料（4人分）

- ・アジ……2尾
- ・小麦粉……適量
- ・卵白……1個分
- ・切り昆布……80g
- ・植物油……適量
- ・レンコン……80g
- ・トウモロコシ……1本
- ・グリーンアスパラ……4本
- ・ナス……1本
- ・わけネギ……1把
- ・タカの爪……1本（薄い輪切り）

【水溶きかたくり粉】〈分量〉
- ・かたくり粉……大さじ1
- ・水……大さじ2

【薄口八方あん】（ア）
- ・だし汁……400ml
- ・薄口しょうゆ……50ml
- ・みりん……50ml
- ・ジュンサイ……大さじ4

〈作り方〉
①手鍋に（ア）を取り、一度煮立て、【作り方③】のナスを浸して味を含める。
②ナスは取り出して盛り鉢へ。汁は、再度加熱して水溶きかたくり粉を加え、少しトロリとさせる。

スズキのゆば蒸し《すずきのゆばむし》 銀あんかけ《ぎんあんかけ》

1年の折り返しとなる6月の終わり、下半期に向け、無病息災を自己流の〝夏越《なごし》の祓《はらえ》〟を料理を通じて願っています。梅雨時期にちなみ、元気のわく食材を組み、夏向きにクセのない白身の出世魚を使った蒸し物料理を選びました。蒸物の利点は、色、形、香り、うま味を逃さず内部まで均一に加熱する点。ただし、卵、豆腐は「す」が入りやすいので注意してください。

下ごしらえ

❶豆腐は、重石をかけて水切りをする。
❷自然薯は皮をむき、すりおろしておく。※自然薯がない場合

は、ヤマイモで代用できるが、その場合はくず粉を加える。

❸スズキは、水洗いして三枚おろしにし、背上身皮つきのまま1㎝角、長さ5㎝の拍子切りにする。

❹エビは腹側に串を打ち、6分ゆがきにして殻をむき、横に2等分しておく。

❺ゆばは、湿らせたふきんに包み、やわらかくする。

作り方

①❶はすり鉢に入れよくすり混ぜる。塩小さじ1／2を加え、卵黄を1個ずつ加えてさらにすり、粘りを出して1／2ずつに分けておく。

②巻すにゆばより大きいラップを敷き、①の1／2を厚さ5㎜に塗り広げ、四隅を5㎜ほどすき間を残し、スズキの皮目を外に向け、放射状にまとめたものを4個作る。

③②と同じようにゆばに①を塗りひろげ、エビを等間隔に置いて②を芯にして巻き込み、形を整えたものを深めのスープ皿に入れ、蒸気の上った蒸器に入れ15分ほど加熱。魚介を指で押して弾力の有無を確認し、一度取り出す。

④③にかけ銀あんを流し入れ、ワカメを散らして再加熱して取り出し、仕上げにミョウガの赤をワンポイントとしてあしらう。

材料（4人分）

- スズキ(背身皮付き)………… 150g
- エビ(タイガー)……………… …8本
- 絹ごし豆腐 …………………… 1丁
- 自然薯(じねんじょ)………… 250g
- 卵黄 ………………………… 2個
- ゆば ………………………… 8枚
- ミョウガ …………………… 4個
- ワカメ(戻したもの)………… 20g

■調味料

- 塩 ……………………… 小さじ1/2

■かけ銀あん

- だし汁 …………………… 400ml
- (ア)
  - みりん …………… 25ml
  - 塩 ………… 小さじ1/2
  - 薄口しょうゆ ……… 15ml
- 水ときくず粉 …………… 大さじ2

だし汁に(ア)を加え、煮立てて水ときくず粉(またはかたくり粉)を加減しながら加え、とろみをつける。

■甘酢

- 酢 ………………………… 50ml
- 水 ………………………… 大さじ1
- 砂糖 ……………………… 大さじ2
- 塩 ………………………… 少々

①甘酢の材料は混ぜ合わせておく。

②ミョウガは熱湯でゆで、①に漬けて発色したら水気をふいておく。

ひすいなす、しらたきながしかにあんかけ

ヒスイなす、白滝流しカニあんかけ

ナスは、食べると体温を下げ、のぼせにも良いとされ、ビタミンB2をはじめ、ビタミンC、食物繊維、カリウム、カルシウムなどがバランスよく含まれている夏野菜。肉質はち密でほのかな甘味があり、数多くの調理法に対応できる万能食材でもあります。くぎやミュウバンで色素を安定させます。買い求める際は、張りがあり、切り口がみずみずしく、ヘタに鋭いトゲがあるものが新鮮さの目安となります。

下ごしらえ

❶白ネギは、タテに切り込みを入れて開き、小口から針状に切

って冷水に放ち、シャキッとさせておく。
❷ナスは、ヘタと先端の両方を少し切り落とし、中心に割りばしを刺し通し、蒸気を抜く穴を開けておく。
❸そうめんは、一方を糸で結び、バラけないようにしてゆがき、冷水で洗って締め、水気を切っておく。
❹シメジタケは、根を切り落として洗い一口大に切り分けておく。

作り方

①下ごしらえした❷のナスを170℃の植物油の中で転がしながら全体を均一に加熱して素揚げにする。台に敷いたキッチンペーパーにナスを乗せ、調理用バットで押さえ、抜き穴から蒸気を抜き、氷水に取り出して手早く皮をむき、余分な水分を絞る。
②浸し汁（A）に①とそうめんを15分くらい浸して下味を含ませる。
③手鍋に煮汁（B）を取り、煮立ててカニ、シメジタケを加え約5分加熱。一度火から下ろし、水で溶いたくず粉を泡立て器で混ぜながら均一にして再び火にかける。味をみながらやや濃い目の味つけにし、とろ味をつけ、ショウガのおろし汁を加える。
④深めの器の底にそうめんを流れるように敷き、ナスは食べやすい大きさに切りそろえ、カニあんをかけ、❶の白ネギを天盛りにする。温製、冷製のどちらでもおいしくいただける。

材料（4人分）

・白ネギ	長さ5㎝1本
・長ナス(中)	4本
・そうめん	1束
・シメジタケ	1パック
・カニ(缶詰)	100g
・ショウガおろし汁	小さじ1
・くず粉	10g

■調味料

・塩	少々
・植物油	適量

■浸し汁(A)

・だし汁	3カップ弱
・淡口しょうゆ	小さじ3
・みりん	小さじ3
・酒	大さじ2

以上をボウルに合わせる。

■煮汁(B)

・だし汁	2.5カップ
・塩	小さじ1
・淡口しょうゆ	小さじ1.5
・みりん	大さじ1
・酒	大さじ1

一口盛りごまみそだれ《ひとくちもりごまみそだれ》 野菜魚介めんかけ《やさいぎょかいめんかけ》

暑い日が続くと手軽な食事で済ませがちですが、工夫しないと栄養不足となり、秋口に夏バテの原因になります。食欲増進のためにはピリッとした味、のど越しよく、たんぱく質、脂肪分も摂取できる献立が求められます。その点、夏野菜は栄養価に豊み、水分も多く、種類を多くすることで繊維質も多く取れます。

下ごしらえ

❶タイは厚さ3㎜のそぎ切り、エビは背ワタを取り、全体に昆布茶を振りかけて15分置き、キッチンペーパーで水気を拭く。さらにかたくり粉をまぶし、塩を加えてゆがき、7～8秒で冷水に取り、ザルに上げて水気を取る。表面がツルンとした

状態にしておく。
❷干そうめんは、好みの固さにゆがき、冷水で洗って締め、大きい梅干のサイズくらいに丸め、1人4個くらいに分けておく。
❸キュウリ、ニンジン、新しょうがはそれぞれ半分を千切りにし、残り半分はピーラーでそぎ切りや花型に切って楽しさを演出。いずれも冷水でピンとさせ、水気を切る。

作り方

①トマトは厚さ2㎜の輪切り、タカの爪は極細切りにし、玉レタスは手で大きめにちぎって冷水でシャッとさせ、水気を除いておく。
②ぐい飲み（酒器）の内側に沿って、タイのそぎ切り、エビを張り、野菜の千切りを加える。丸めたそうめんに白ごまを少し振りかけ、軽く押えてラップで一口大の塊として整える。
③大きめの器に玉レタスを敷き、一口大の塊を前菜風に天盛りにし、タカの爪を盛ります。食材を冷ますことで、野菜は新鮮さを強調でき、魚介ものど越しがよくなる。
④つけだれを上から少しかけ、味を調節しながらいただく。

材料（4人分）

- タイ切身 …… 150g
  （白身魚でも可）
- むきエビ …… 8尾
- 昆布茶 …… 適量
- かたくり粉 …… 適量
- 干そうめん …… 4束
- キュウリ …… 1本
- ニンジン …… 1/4本
- 新ショウガ …… 1個
- 白ごま …… 小さじ1
- トマト …… 1個
- タカの爪 …… 2本
- 玉レタス …… 1枚（小）

■調味料
- 塩 …… 少々

■つけだれ
- しょう油 …… 大さじ4
- 酢 …… 大さじ4
- 砂糖 …… 大さじ1.5
- 赤味噌 …… 大さじ2
- 出汁 …… 160ml
- ごま油 …… 小さじ2
- 練り白胡麻 …… 大さじ4
- トウバンジャン …… 小さじ1

つけだれは、ボールに練り白ごまを取り、みそ、砂糖を加えて練り混ぜ、液体調味料で少しずつ伸ばし、ダマができない要領で作り、冷やしておく。
※トウバンジャンは大人向けとし、好みで調節を。だし汁は、調味料が辛めなので余分に用意し、薄めて使う

湯ぶり魚介と野菜の《ゆぶりぎょかいとやさいの》龍皮昆布重ね盛り《りゅうひこんぶかさねもり》

恵みをもたらす梅雨はアジサイや草木の緑がさえる時節。料理にも、旬の食材の持ち味を生かした、目に鮮やかで淡白、のど越しのよいものが登場します。タコは、手がつかるほどの量のお湯の中で洗うと身が柔らかくなります。脇役の香味野菜は、主役を引き立てながら個性が際立つものを選びましょう。味付け、浸しにも土佐酢（三杯酢にかつお節で取っただし汁を加えたもの）がよく合います。

下ごしらえ

❶真ダコは塩を十分に振り、もんでぬめりを取り、水洗いをして庖丁で皮をはぎ取り、吸盤をさっとゆでて冷水に放ち、ざ

るに上げ、一口大に切りそろえる。足は太い方から斜めにそぎ切り（厚さ3㎜）、50℃くらいのお湯の中で湯洗いをして氷水に放ち、身を締めてざるに上げる。❷車エビは竹串を腹に打ち、塩を加えて色良くゆがく。❸サザエは、70℃くらいのお湯を用意し、きれいに洗ったサザエを浸し、10分ほどたって殻のまわりに金串を刺し入れ、回しながら身を引き出し、ワタを除いて、身だけ厚さ3㎜に切りそろえる。

作り方

①龍皮昆布は、ポン酢を含ませた布で表面をふいて少し湿気を含ませる。
②サヤインゲンは、筋を取り、塩少々を加えて色よくゆで、おかあげ（※）にして一口大に切る。キュウリは表面に塩少々を振り、板ずりをして厚さ3㎜の斜めスライスにして冷水に放つ。
③大根は薄目の桂むきにして幅5㎝に切りそろえ、繊維を切るようにして冷水に放ち、ピンとした大根のケンにする。
④ボウフウは、軸の先端に切り込みを入れて冷水に放つと錨《いかり》状に軸が反り曲がる。
⑤車エビは、殻の下腹側に隠し庖丁を入れ、むきやすくしておく。
⑥最初に大根、ワサビ、ボウフウを付け合わせる。龍皮昆布を広げ、サヤインゲン、キュウリ、サザエ、エビ、タコを等分に乗せ、土佐酢をハケで表面に塗り、四角に切りそろえて三層くらいに重ねる。全体に材料が見えるように整え、土佐酢をハケで塗り、残った土佐酢は銘々皿に取り分け、出来上がり。
（※）おかあげは、ゆでたり、煮たりした材料を水に落とさずに、ざるなどに引き上げて冷ますこと。

材料（4人分）

・活け真ダコ …………………… 300g
・車エビ …………………… 4本
・サザエ …………………… 1個
・龍皮昆布 …………………… 1枚
・サヤインゲン …………………… 8本
・大根 ……… 直径5㎝×長さ7㎝1個
・キュウリ …………………… 1本
・ワサビ ……………… 大さじ山盛り1
・ボウフウ（セリの一種） ………… 4本

■調味料
・塩 …………………… 適量
・ポン酢 …………………… 適量
■土佐酢
・だし汁 …………………… 150ml
・酢 …………………… 150ml
・淡口しょうゆ …………… 50ml
・みりん …………………… 50ml
・花ガツオ …………………… 5g
■作り方
①鍋にだし汁と調味料を入れ、ひと煮立ちさせ、花がつおを加えて火を止め、冷ましてから布でこす。

白ギスの野菜巻き《しろぎすのやさいまき》 若狭地仕立て《わかさじじたて》

俳諧歳時記に「夏料理」の季語があります。特別の趣向や限定されたものではなく、涼しげで味覚をそそる風情を感じるといったところで夏が旬の鱚《キス》を俎上《そじょう》にしました。上品で淡泊、舌触りがよいシロギスは「絵に書いたものでも食せ」といわれるほど。刺身、天ぷら、フライ、塩焼き、汁物に向き、高級カマボコの原料に用いられ、釣りでも人気です。今回は、焼物風の献立にしてみました。

下ごしらえ

❶シロギスは、ヒレを落とし、中骨、腸ワタを取り除き、水洗いして腹骨をすき取る。水気をふき、薄く塩を振って10分置

き、さらに水分をふき取り、若狭地で洗い、下味を付ける。

❷❶の片身の腹の中ほどに包丁の切り込みを入れ、身皮を少し残し、広げて打粉をして余分な粉は除いておく。

作り方

①グリーンアスパラ、トウモロコシは塩少々を加えて色よくゆがく。グリーンアスパラはシロギスの幅に合わせて切りそろえ、トウモロコシも同様に切り、ツブがつながるように、シンとツブの間に切れ目を入れる。

②山芋は皮をむいで、シロギスの幅に切り、酢を加えた冷水にさらしアク止めする。

③みょうがは縦に薄く切って、冷水にさらす。ナンキンは厚さ2㎜の一口大に切る。青唐辛子は、長さ5㎝のものをそろえ、油で炒め、カツオ節としょう油を少量からめて仕上げの付け合わせにする。

④グリーンアスパラ、山芋、トウモロコシはぬれふきんに包み、戻した湯葉の上に美しく配色し、干し桜エビを散らし、マヨネーズを絞り、粉ガツオを振りかけ、シロギスで巻き込むように整形し、竹の皮で結ぶ。

⑤④に金串を打ち、直火でまんべんなく焦がさないよう火をあて、若狭地を3〜4回かける。横でナンキンを素焼きする。

⑥シロギスは中の身に熱が回ったら、皮の表面にハケでみりんを塗り、艶をつけ、金串を回しながら抜く。

⑦皿、にシロギスを盛り、温めた青唐辛子を添え、みょうがのスライスを天盛りにする。

材料（4人分）

- シロギス（15〜20㎝）…………4尾
- グリーンアスパラ…………4本
- 山芋…………2分の1本
- トウモロコシ…………3分の1本
- 干し桜エビ…………大さじ山もり2
- 粉ガツオ…………大さじ1
- マヨネーズ…………大さじ2
- みょうが…………3個
- ナンキン…………70g
- 青唐辛子…………4本
- カツオ節…………5g
- 湯葉…………4枚

■調味料
- 塩…………適量
- みりん…………少々
- 濃口しょうゆ…………少々
- 酢…………少々
- 植物油…………適量

■若狭地

（ア）
- だし汁…………2カップ
- 薄口しょうゆ…………100ml
- みりん…………100ml
- 酒…………100ml

■作り方　（ア）をボールに取り、よく混ぜ合わせて3:1に分け、3は焼くときにかけ、1は洗い用に分けておく。

魚介ミックスと鎧スイートコーン味噌和え焼き

ぎょかいみっくすと　よろいすいーとこーん　みそあえやき

スイートコーンは初夏から9月までが旬で、ゆでたり、焼き物、炒め物、揚げ物、ポタージュ缶詰など用途の広さが魅力。貝柱は、2枚の貝殻をつなぎ、開閉するための筋肉で、普通は真ん中に1個ですが、バカガイ（青柳とも呼ばれる）には、大小2個あり、大きいものを大星、小さいものを小星と呼びます。貝柱の生ものは冷蔵または冷凍品として流通し、中国では干貝（干した貝柱）としてスープだしなどに用いられます。

下ごしらえ

スイートコーンは、縦、横2等分のカマボコ型にカットし、粒が原型をとどめるように芯を包丁で取り、U字型にする。生貝柱（冷凍品は解凍）は、大きいものはスライスし、水気をふいて、塩を振り、軽くもんで水洗いし、熱湯で湯通しする。ミキサーに卵白と一緒に入れ、滑らかになるまで回してコショ

ウをふり、ボウルで冷蔵。固まったら生クリームを少しずつ加え、ゴムヘラで混ぜておく。

作り方

①シーフードミックスは、霜降り（魚介などの臭みを消すための下処理＝※）をして水気を切る。熱したフライパンにサラダ油を敷き、みじん切りにしたショウガを炒め、香りが出てきたらシーフードミックスと（A）を入れて和えるように炒める。フライパンを火から離し、卵黄を加えて焦がさないように混ぜておく。

②５㎜角に切ったニンジンと、むき枝豆は、塩一つまみを入れて色よくゆがき、おかあげ（水に浸けず、ザルにあげる）にする。

③スイートコーンの表面に（C）をひとはけ塗り、形を整えながら、横に流れないよう天だけ空け、アルミホイルで①と②を形よく包み、上から貝柱ペーストをかける。

④③を１７０℃のオーブンに入れ、10分加熱。

⑤ミョウガは熱湯でさっとゆがき、軽く塩を振って、（B）に浸して味をつけ、２等分にして、付け合わせにする。

⑥スイートコーンを皿に取り、熱いうちに（C）をひとはけ塗って、ミョウガを添えて出来上がり。

※霜降りは、表面だけが白くなるくらいまで熱湯に通したり、熱湯をかけたりする作業。解凍後、水１ℓに塩大さじ２杯を入れて、シーフードミックスを入れるだけでもＯＫ。

材料（4人分）

・スイートコーン……2本
・生貝柱……100g
・卵白……1個分
・生クリーム……80g
・シーフードミックス……200g
・ニンジン……30g
・むき枝豆……30g
・ショウガ……20g
・ミョウガ……4本
・卵黄……1個分

■調味料など
・塩……少々
・サラダ油……適量
・アルミホイル……15㎝角を4枚

■合わせみそ(A)
・中みそ……30g
・酒……大さじ2
・砂糖……大さじ1

■甘酢(B)
・酢……大さじ3
・水……大さじ3
・砂糖……大さじ1
・塩……少々
・赤ワイン……大さじ2
※ボウルに取りよく混ぜる。後で赤ワインを加える。

■スイートコーン用塗り調味料(C)
・薄口しょうゆ……小さじ1
・みりん……小さじ1
・酒……小さじ1
※混ぜ合わせておく。

鱧の胡麻ソースかけ《はものごまそーすかけ》 夏サラダ《なつさらだ》

暑い日が続き、疲れがたまりやすい時期を迎えましたが、6月から夏の風物詩として珍重されているのが鱧《ハモ》。鱧は「喰《は》む」がなまった呼び名といわれます。肉食系で鋭い歯を持ち、動きは素早く、どう猛な顔付きとは裏腹に、上品な白身の味と皮のすぐ下においしい脂肪を蓄えた旨味を持っています。今回は、鱧を夏野菜と組み合わせ、サラダ風にしました。

下ごしらえ

ハモの切り身は、沸かしたお湯に皮だけ漬かるように数秒入れ、皮が柔らかくなったら全体を湯に沈め、すぐにすくい上げて氷水に放つ。浸し過ぎると皮のもっちり感を失い、身もボソボソするので、湯引き（6〜8秒間）は直前に行う。

作り方

①赤タマネギは縦2分の1に切り、極薄くスライスして冷水に放ち、シャキッとさせておく。
②ミョウガは薄く切り、冷水に放ち、アクを抜く。ショウガは皮をつけたまま薄くスライスし、さらに千切りにして冷水に放つ。
③ダイコンはかつらむきにした後、元通りに巻き、幅5㎝に切りそろえ、千切りにして冷水に放つ。
④プチトマトは湯通しし、皮をむく。大きい場合は適宜に切っておく。
⑤キュウリは皮むき器で薄く削るように切り、一口大に切って冷水に放つ。
⑥ユズは皮を薄く切り、爪のように切りそろえ、盛り付ける時に天盛りとする。
⑦ネギの青い部分は小口切り、白い部分は千切りに。
⑧ガラス系か涼しさのある盛り付け皿をよく冷やしておき、冷水でシャキッとさせた野菜、大葉を敷き、直前に湯洗いしたハモを美しく盛り、野菜を散らし、黄ユズ、ネギを天盛りに飾る。

■メモ／冷水だけで活魚を洗うことを「あらい」、お湯を通して冷水で締めることを「湯あらい」、油（60℃）に浸して冷水で締めることを「油あらい」と呼ぶ。
※ただし、地域によって呼び方が変わることがある。

材料（4人分）

- ・ハモの切り身 ……………… 300g
- ・赤タマネギ ……………… 中1個
- ・ミョウガ ……………………… 4個
- ・ショウガ ……………………… 40g
- ・ダイコン…………… 直径7㎝×幅8㎝
- ・プチトマト …………………… 8個
- ・キュウリ ……………………… 2本
- ・大葉（青ジソ） ……………… 4枚
- ・ユズ（黄） …………………… 1個
- ・青ネギ ……………………… 4本

■ごまソースの材料（子供用には薄目で）
- ・トウバンジャン ………… 小さじ2/5
- ・梅肉 …………………… 大さじ1/2
- ・マヨネーズ………………………大さじ5
- ・サラダ油 ………………大さじ1.5
- ・ごま油 …………………大さじ1.5
- ・白練りごま………………大さじ1.5
- ・酢 ………………………………大さじ3
- ・濃口しょうゆ ……………大さじ1

■作り方
1）ボールにごま、トウバンジャン、梅肉を取り、マヨネーズを入れ、他の材料を加えて泡立て器でよく混ぜ、冷やしておく。

鰻《うなぎ》、夏野菜《なつやさい》
田の字巻信州蒸し《たのじまきしんしゅうむし》

鰻《うなぎ》が夏に登場するようになったのは、江戸時代中期に活躍した平賀源内が「土用は丑《うし》の日、鰻食うべし」として、鰻屋が宣伝したのが始まりといわれます。元来、天然の鰻の旬は海に帰る秋からですが、脂が乗り、ビタミン類、タンパク質、ミネラル類が相まって食すれば、瞬発力、持久力が出るので〝夏が旬〟といってもよいでしょう。今回は、鰻と、水分が多く体を冷やす効果があり、むくみを抑えるカリウムを含む夏野菜などを合わせた料理です。

下ごしらえ

❶油揚げは湯通しの後、めん棒で延ばし三辺を切る。
❷茶ソバは一方の端を細ひもで絞り、硬めにゆがいて一度冷水で締め、水気を切っておく。
❸すり身は当たり鉢（すり鉢）に取り、卵白と塩少々、硬さを見ながらかたくり粉を少しずつ振り入れ、薄味に仕上げ、硬さはみそペースト状でとどめる。
❹ショウガは繊切りに切ったものを冷水にさらし、引き上げ、水切りする。

作り方

①油揚げは表を下にして、かたくり粉をハケで軽くたたいて付け、茶ソバを油揚げの寸法に合わせて切りそろえて並べる。
②①の上に、③のすり身をヘラで延ばす。
③②の端にラップを外した田の字のニンジン、ゴーヤ、ワカメ、ウナギを置き、しんにして小口から回転させるように巻く。
④蒸気の上がった蒸し器に③を盛り、皿のまま入れて、8分程火を通し、すり身が手で触れてかっちりしていたら火を止め、取り出して、温めたかけ餡を周囲に流し入れ、上にショウガ、タカの爪をトッピングして出来上がり。

材料（4人分）

- ウナギかば焼 ………… 中1本
- 油揚げ ………… 2枚
- すり身 ………… 250g
- 茶ソバ ………… 1束
- ニンジン ………… 1/2本
- ゴーヤ ………… 1/2本
- もどしワカメ ………… 20g
- ショウガ ………… 40g
- タカの爪 ………… 2個
- 卵白 ………… 1個分
- 塩 ………… 少々
- かたくり粉…適宜

■かけ餡（あん）

（A）
- だし汁 ………… 2カップ
- みりん ………… 100ml
- 薄口しょうゆ ………… 60ml

- かたくり粉………… 大さじ2

■作り方

①鍋に（A）を取り煮立てる。②①に同量の水で溶いた水溶きかたくり粉を入れ少しトロリとした餡を作る。

■ゴーヤ・ニンジン下煮用調味料

（B）
- だし汁 ………… 1カップ
- 薄口しょうゆ ………… 大さじ1
- みりん ………… 大さじ1.5
- 砂糖 ………… 大さじ1
- 酒 ………… 大さじ1.5
- 塩 ………… 小さじ1/3

■作り方

①ニンジン、ゴーヤは5㎜角に切り、（B）調味料で煮て、下味を付け、おかあげにしておく。②ウナギは横7～8㎜幅に油揚げの長さに切りそろえておく。③ニンジン、ゴーヤ、ワカメ、ウナギを田の字を書くように並べ、ラップで四角に巻いておいてそれを巻きすで巻き、形を安定させる。

イサキかおり、酸味焼き、野菜冷製風添え

いさきかおり、さんみやき、やさいれいせいふうぞえ

麦わら鯛《タイ》、麦わら蛸《タコ》は、産卵後なので身が痩せ、まずい例えに対し、麦わら伊佐木（イサキまたはイサギ）は旬の最もおいしい時季を指す言葉。夏旬魚なのに格付け評価が低いのは、鮮度落ちが早く時間とともに磯臭さが出るためでしょうか。幼魚期には瓜坊《うりぼう》と呼ばれ、小さい分、手間は掛かりますが美味な魚です。成魚期はあまり煮物には使いませんが、淡白なのに脂肪が多く身が柔らかいので〝大人の味〟を有するとも。そんなイサキを楽しめるレシピを紹介します。

下ごしらえ

❶イサキは鮮度の良い物を求め、盛り付けるときに下になる方に切り込みを入れ、内臓、エラを抜いて洗い、海水くらいの塩水でさらに洗い、血などを除いておく。上側にも切り込みを入れ、火の通りをよくする。
❷プチトマトは湯むきしておく。
❸紫玉ネギは、１／２に切り、極薄くスライスして冷水に放ち、

ピンとさせる。

❹キュウリも、7㎜角、長さ3㎝の拍子切りにして、冷水に放ちピンとさせる。

作り方

①イサキは余分な水気をキッチンペーパーでふき取り、遠火の強火の直火で素焼きし、はけで（A）を塗り（全部で3回ほど）、きれいな焼き色を付ける。

②紫玉ネギのスライスとキュウリはボウルに取り、（ア）の半分を入れてよく混ぜ、好みの味（マヨネーズとポン酢の割合で加減する）に仕上げ一度冷蔵庫で冷やす。

③イサキが焼き上がったら、紫玉ネギ、キュウリを冷蔵庫から出し、（ア）の残り半分で和える。

④皿に、和えた野菜をきれいに敷き、イサキを乗せる。照り不足の場合はイサキにみりんをひとはけ塗っておく。

⑤イサキの手前にサツマイモ、ミョウガ、プチトマトを盛り、涼しげな野菜と酸味の効いたパリッとした歯応えのイサキを楽しむ。

材料（4人分）

- 活イサキ……4匹
- プチトマト……4個
- サツマイモ……1個
- レモン……1/2個
- ミョウガ……4個
- 紫玉ネギ……1個
- キュウリ……1本
- みりん……適量
- 塩……適宜

（ア）
- マヨネーズ……大さじ4
- ポン酢……大さじ1.5
- 生クリーム……大さじ1
- すり白ごま……小さじ2

■イサキ・つけ焼き割り下

（A）
- 濃口しょうゆ……30ml
- みりん……30ml
- 酒……30ml
- 砂糖……小さじ2
- 酢……15ml
- しょうがおろし汁…大さじ1

ボウルに一緒に入れ、よく混ぜ合わせておく。

■サツマイモのレモン煮
- 砂糖……大さじ5
- 塩……ひとつまみ
- レモン……1/2個

■作り方

①サツマイモは皮ごと厚さ7㎜に切り、水に浸してアクを抜く。

②鍋にサツマイモと、ひたひたの水、砂糖、塩を入れ、弱めの中火で15分ほど煮て、串が通るぐらいになったらレモン汁を絞り、ひと煮立ちさせ、冷やして味を含ませる。

■ミョウガの甘酢漬け
- 酢……大さじ3
- 水……大さじ3
- 砂糖……大さじ2.5
- 塩……小さじ1/5

■作り方

①ミョウガは縦半分に切り、2～3分ゆで、ザルに上げる。②甘酢を鍋に入れて煮立て、①を入れ、30分間漬けて色鮮やかにする。

金目鯛の変わり唐揚げ・博多風茄子蒸し焼添え《きんめだいのかわりからあげ・はかたふうなすむしやきぞえ》

産卵期に獲れた金目鯛《キンメダイ》は、脂の乗りが良く値段も手ごろ。目玉が透明で張があるものを選びましょう。身は崩れやすいので調理には注意を。夏野菜の代表格の茄子《ナス》は、さまざまな調理法に向く万能野菜です。博多帯の柄に似せた茄子のしま模様の切り口を博多風と呼びます。今回は「金目鯛の変わり唐揚げ・博多風茄子蒸し焼添え」を紹介します。

下ごしらえ

❶金目鯛（キンメ）は、大きめの一口大に切りそろえ、塩こしょうをし、白ワインを振りかけ、10分程度置く。余分な水気はキッチンペーパーでふき取り、片栗粉をまぶしておく。

❷ナスを厚さ5～6㎜、縦にスライス。1％の塩水に漂わせ、あく止めをしておく。ニンジンはマッチ棒よりやや太めに切りそろえ、硬めにゆでておく。中華鍋に油を少々入れ、弱火でニンニクのスライスを炒めます。

❸貝柱（生、冷凍どちらでも良い）は、厚さ5㎜にスライスし、

塩こしょうして下味を付けておく。
❹白身魚のすり身に塩と酒を加えて混ぜ、吸物くらいの下味を付けておく。

作り方

①175℃に熱した油でキンメを硬めに揚げる。松の実も揚げておく。
②両面に軽く小麦粉をはたいたナスを、油を多めに敷いたフライパンで少し焦げ目がつくくらい焼き、淡口しょうゆをはけで軽く塗り、冷ましておく。
③①に白身魚すり身を厚さ2~3㎜塗る。②に火が通るまで、硬めにゆでたニンジンを貼り付け、枝豆を半分程度散らす。貝柱を5㎜程度にスライスし、②に貼り付ける。②とは別に、すり身を塗ったナスで、サンドイッチ風に重ねる。
④③を耐熱皿に乗せ、180℃のオーブンで約10分加熱する。途中、卵黄液を軽く塗り黄金色になるまで焼く。
⑤④が焼き上がったら、切り口がシマ模様（2色以上）になるように切る。
⑥煮汁あん（A）に残りの枝豆を入れて一緒に煮立て、キンメと⑤を入れ、再び煮立たせる。その後、弱火で4~5分して具材を深めの耐熱皿に取り、煮汁を味見して好みの味に調整する。
⑦⑥を加熱して、水溶き片栗粉を入れ、とろ味をつける。
⑧⑥の具材に⑦の煮汁あんをかけ、松の実を散らし、ユズの皮の千切りと白髪ネギ（白ネギの極細千切り）を天盛にして供す。

材料（4人分）

- 金目鯛 …… 200g
- ナス …… 4本
- 貝柱 …… 50g
- 白身魚すり身 …… 80g
- 枝豆 …… 50g
- ニンジン …… 50g
- ユズ …… 1個
- 白ネギ …… 50g
- 松の実 …… 30g
- ニンニク …… 2個
- 塩こしょう …… 少々
- 白ワイン …… 適量
- 酒 …… 適量
- 片栗粉 …… 適量
- 揚げ油 …… 具材が沈む程度
- 小麦粉 …… 適量

■煮汁あん(A)
- だし汁 …… 500ml
- みりん …… 60ml
- 淡口しょうゆ …… 60ml
- 酒 …… 40ml

後で水溶き片栗粉を足して、とろ味をつける。

■卵黄液
- 卵黄 …… 2個
- みりん …… 大さじ1/2
- 淡口しょうゆ …… 大さじ1/2

小ボウルで溶いておく。

仔羊と「う」付き食材・みそダレ共焼き《こひつじとうつきしょくざい・みそだれともやき》

猛暑が続き、心身ともに健康な毎日を過ごすことは大変です。昔から夏の暑さに負けないためには、「う」の付く食材が良いといわれています。食材で「う」の付くものを探してみましょう。さて、今回は「仔羊と〝う〟付き食材・みそダレ共焼き」です。オージー・ラムは生後1年未満の仔羊で癖が少なく、ほかの食材との調和も良好。体脂肪を燃やすカルニチンを豊富に含んでいます。香辛料を多めに使い、焼ダレにも変化を付けました。

下ごしらえ

オージー・ラムは厚さ5㎜にスライスしてバットに取り、酒を振りかけてしばらく置き、焼き物ダレ（Ａ）に約10分浸しておく。

■ワンポイント　余った焼き物ダレは、煮沸した容器に入れて保存すれば、ほかの焼き物料理にも使える。

作り方

①熱したフライパンに揚げ油を敷き、ラムの両面を中火で七分通り火を通しておく。

②ビーフンは、塩適量と揚げ油大さじ2程度を加えたたっぷりのお湯に入れ、固めにゆで、ざるに上げ、縦8㎝、横11㎝、厚さ1㎝の形に整え、両面に小麦粉を振りなじませ、溶き卵をはけで塗る。

③トウモロコシは粒を取っておく。ゴーヤは縦半分に切り、中の種をスプーンで取り除き、厚さ2㎜で斜めスライスにする。

④ニンジンはマッチ棒大に切り、冷水に入れてシャキッとしたら水を切る。太モヤシはひげを取り除き、水洗いする。

⑤新ショウガは千切り（針ショウガ）にして冷水にさらし、唐辛子は糸状に切り糸唐辛子を作る。らっきょうは薄くスライスしておく。ニンニクはスライスしてカリカリに炒める。

⑥揚げ油を150℃に熱し、③と④、ゴーヤ、むき小エビを入れ、火の通りを見ながらさっと揚げ、②に載せ、さらにその上にラムを載せる。その後、150℃に熱したオーブンで10〜15分焼き、様子を見ながら焼きダレをラム表面にはけで数回塗る。

⑦焼き上がったら皿に取り、糸唐辛子、針ショウガ、刻みらっきょうを盛り付ける。

材料（4人分）

・オージー・ラム……300g
・ビーフン……2束
・トウモロコシ……1本
・ゴーヤ（ニガウリ）……1本
・ニンジン（小）……1本
・太モヤシ……1パック
・新ショウガ……80g
・小麦粉……適量
・卵……2個
・酒……適量
・コショウ……適量
・塩……適量
・揚げ油……適量
・唐辛子……3本
・ニンニク……2個
・らっきょう甘酢漬け……3粒
・むき小エビ……16尾

■焼き物ダレ（A）
・みりん……大さじ3
・しょう油……大さじ3
・ごま油……小さじ1
・レモン汁……大さじ1/2
・ショウガおろし汁……大さじ1/2
・赤みそ……大さじ4
・砂糖……大さじ2
・水……大さじ2

ボウルに全部入れ、よく混ぜ合わせてから加熱する。

なつやさいととうふ・べーこん・かいのそろいぶみ　かわどこみたて

夏野菜と豆富・ベーコン・貝のそろい踏み　川床見立て

夏野菜にはナスやトマト、キュウリなどの〝さがり物〟があり、それらは水分を多く含み、体の熱を取り暑気払いに良いとされています。ネギは葉さやが筒状をしているため、スムーズに通すという意味もあり、古来より薬用野菜としてスタミナ強化、血栓や風邪の予防に効果ありといわれています。「豆腐」の「腐」は発酵食品の意味があるそうですが、「豆富」と書くのは縁起をかつぐ日本的表記かもしれません。今回は、夏野菜を中心とした料理を紹介します。

下ごしらえ

❶食塩水（3％）を張った容器にアサリを入れ、その容器を新聞紙で覆い、冷暗所に3～4時間置いて砂をはかせる。その後、真水で殻と殻を擦り合わせながら洗い、数回水を替えて汚れを落とす。

❷豆腐はクッキングペーパーで包み、水気を切っておく。厚さ8㎜程度の一口大で、好みの形に切り、お茶漬けの素を振りかけて下味を付けておく。フライパンに植物油、バターを敷いて豆腐に小麦粉を少しまぶし、両面をキツネ色になるまで焼く。

作り方

①白ネギは長さ10㎝に切りそろえる。長ナスも厚さ1㎝、長さ10㎝に切りそろえ、一度塩水にさらし、あく止めをしておく。

②ブロックベーコンは①に合わせて切りそろえる。

③①と②で切った具材に竹串を1個あたり3本打ち、横10㎝、幅5～6㎝のイカダ状に並べ、川床に見立てる。

④フライパンに植物油を敷いて加熱、③の上になる方の二面を素焼きし、その後焼ダレ(A)をはけで塗って照り良く焼き上げる。

⑤アサリは厚手の鍋に入れ、だし汁（B）を加え、ふたをして蒸し焼きにする。殻が開いたら、仕上げに豆腐を入れる。残りのだし汁は皿に敷き、川に見立てる。

⑥プチトマトは湯通しして皮をむき冷やしておく。

⑦レタス、プチトマトを盛り付けたら、その上にイカダ形を乗せ、焼ダレをかける。粒唐辛子を散らしたら出来上がり。

材料（4人分）

- 白ネギ……4本
- 長ナス……3本
- ブロックベーコン……250g
- 小麦粉……大さじ2
- 木綿豆腐……1丁
- アサリ(殻付き)……400g
- レタス……4枚
- プチトマト……8個
- 粒赤唐辛子……20粒
- お茶漬けの素……2袋
- バター……40g
- 水……大さじ3
- 塩……適量
- 植物油……適量

■焼き物ダレ(A)

- 濃口しょうゆ……大さじ2
- みりん……大さじ2
- 酒……大さじ1
- 砂糖……大さじ1/2
- おろしショウガ……大さじ1/2

濃口しょうゆ、みりん、酒、砂糖を混ぜて鍋で加熱し、冷ましておろしショウガを入れる

■だし汁(B)

- みりん……大さじ3
- しょう油……大さじ3
- だし汁……100ml
- 豆板醤……小さじ1～1/2
- 酒……大さじ4
- 塩……小さじ1/2

鯵春巻と煎豆腐敷き、焼林檎添え《あじはるまきといりどうふじき、やきりんごぞえ》

鯵《あじ》の名は「味の良さ」に由来するといわれ、高たんぱく、低脂肪、低カロリーでさまざまな調理に適している、まさに日本を代表する魚の一つです。また、今回使う豆鼓《とうち》は大豆を発酵させた中華風食材で、黒褐色で、浜納豆のようなもの。一度、賞味いただく価値はあると思います。

下ごしらえ

❶アジは頭、ぜいご、内臓を取り除き洗う。その後、腹骨をすき取り、小骨を抜いたら、軽く塩を全体に振りかけ、片栗粉を振り、尻尾の方から春巻の皮で包むように巻いておく。
❷絹ごし豆腐は少し傾斜を持たせた台の上に置き、重石を乗せ、約30分水気を切る。

❸リンゴは縦半分に切って、皮をむき3～4㎜厚さにスライスする。その後、砂糖とレモン汁を振りかけ、電子レンジ（500W）で3分加熱する。取り出したらはちみつを塗り、焼き色がつくまで直火にさらす。
❹（A）の水溶き片栗粉以外の材料を鍋に入れ、弱火で煮立てる。豆鼓の味や香りがよく混ざり合ったら、水溶き片栗粉を入れ、とろみがつくまで温める。

作り方

①アジを巻いた春巻は皮が外れないよう水でくっつけ、170℃～180℃の油で揚げる。仕上げにトビコを表面に散らしておく。
②グリーンアスパラガスは固い部分を取り除き、湯に塩を少し入れて色が鮮やかになるまでゆでる。
③生シイタケの表面にサラダ油を薄く塗り、軽く塩を振ってフライパンで焼く。
④長ネギは5㎝の長さに切ってから千切りにし、冷水にさらす。
⑤水切りした豆腐を8等分に切り、小麦粉を全体にまぶしたら、フライパンに多めのサラダ油を敷き、両面がきつね色になるまで焼く。
⑥温めた皿に⑤を敷き、①を上に盛り、周りに②、③を飾り付け、リンゴを添える。
⑦全体のバランスを考え、（A）を皿に点々とかける。最後に④を①の上に盛り付ければ出来上がり。

材料（4人分）

- アジ ……… 4尾
- 春巻の皮 ……… 4枚
- 絹ごし豆腐 ……… 1丁
- リンゴ ……… 1個
- グリーンアスパラガス ……… 1束
- 長ネギ ……… 1/2本
- 生シイタケ ……… 4枚
- トビコ ……… 大さじ3
- レモン汁 ……… 小さじ4
- はちみつ ……… 大さじ2
- 砂糖 ……… 適量
- 塩 ……… 適量
- 揚げ用油 ……… 適量
- 小麦粉 ……… 適量
- 片栗粉 ……… 少量
- サラダ油 ……… 少量

■豆鼓入りソース（A）

- だし汁 ……… 250ml
- 濃口しょうゆ ……… 50ml
- みりん ……… 50m
- 豆鼓 ……… 大さじ1
- 水溶き片栗粉 ……… 適量

※写真は完成品と見た目が異なります。
実際はスフレの中に食材が隠れています

鯒と夏野菜の《こちとなつやさいの》和風スフレ《わふうすふれ》

スフレはかたく泡立てた卵を加えてオーブンで焼いた、軽く柔らかいデザートや料理をいいます。今回は夏が旬の鯒《こち》と野菜を使って作ります。鯒は成長するとオスからメスへと性転換する珍しい魚。敵に遭うと飛び跳ねて逃げることから、魚へんに「踊る」という意味で「鯒」になったといわれています。

下ごしらえ

❶鯒はひれやトゲを出刃包丁で削るように取り除く。尾から頭に向かってうろこを落とし、仰向けにする。エラの付け根を包丁で切り落とし、カマに包丁を入れ、頭を切り落とす。
❷内臓を取り出し水洗いしたら、三枚におろす。※下処理は鮮

魚店で依頼しても可。
❸おろした鯒に（B）を合わせたものを振りかけ、10分ほど置いて、下味を付けておく。
❹鯒を素焼きにする。
❺野菜はそれぞれ食べやすい形、大きさに切り分け、水洗いして水気を切っておく。

作り方

①野菜はそれぞれを170℃の油で、油通しする程度に数秒揚げる。
②鍋に（A）を入れ、①を加えて七割くらい火が通るまで加熱した後、鯒を加えて弱火で10～15分ほど、ことことと煮たら火を止め、そのまま煮含める。
③卵は卵白と卵黄に分け、それぞれ別のボウルに入れる。卵白にグラニュー糖、塩を加えて角が立つくらい固く泡立てる。
④③を一緒にし、生クリームを少しずつ加えてさらに泡立てる。ここでは泡立ち過ぎに注意すること。
⑤耐熱性の器に②を入れ、④を上から覆いかぶせるように流し入れ、200℃のオーブンで約5分焼く。
⑥表面が少しきつね色になり、膨らんできたらオーブンから取り出し完成。

材料（4人分）

・鯒 …… 1尾
・グリーンアスパラガス …… 4本
・ゴボウ …… 50g
・ニンジン …… 40g
・エリンギ …… 1パック
・生クリーム …… 大さじ4
・卵 …… 3個
・塩 …… 少量
・グラニュー糖 …… 少量
・サラダ油（揚げ用）適量

【下地調味料】(A)
・酒 …… 大さじ2
・薄口しょうゆ …… 大さじ2
・七味唐辛子 …… 少量

【煮汁】(B)
・だし汁 …… 300ml
・薄口しょうゆ …… 50ml
・みりん …… 50ml
・砂糖 …… 大さじ1

瀬戸内魚介と野菜の奉書蒸焼き《せとうちぎょかいと　やさいのほうしょむしやき》

盛り方の参考には築地「田村方式」があります。「丸い皿には四角に盛り、四角い皿には丸く盛る。料理を盛る時は皿を額縁だと思えばいい」というものです。盛り付けは器に対し、絵心をもって自由気ままに、自分のセンスを生かす、それが一番だと考えています。

下ごしらえ

❶（A）のハジカミショウガを筆の形に切って、塩を加えてゆでる。そのほかの材料を鍋で煮立てて、冷ましたら、ハジカミショウガを浸す。

❷白身魚を一口大に切り、塩、酒、一味唐辛子を振りかけて約10分置く。エビは背ワタを竹串で取ってから塩を振る。

※塩は、30㎝上から手首をきかせて、まんべんなく振りかけるのがコツ。

■作り方

①貝柱は一口大に切ったら、酢を混ぜた食塩水に入れて洗う。ざるにあげて水気を切る。
②シメジは人数分（4株）に分けておく。サツマイモは皮を残したまま厚さ2～3㎜の輪切りにする。長ネギ、グリーンアスパラガスを3㎝に切りそろえ、串に刺しておく。1人あたり2本用意する。
③奉書紙を三つ折りにして、中央に塩を軽く振ったら魚介、野菜を並べレモン汁をかける。紙を包むように重ねたらご飯粒で止める。両端は折り曲げて紙を正方形に形づくったらご飯粒で止めて密閉する。紙の上には小穴を3～4か所あけておく。
④包んだ紙に塩水を霧吹きでかけて、180℃のオーブンに入れて蒸し焼きにする。オーブンを見ながら、紙が乾く前に再度塩水を吹きかけ、焦げないように注意する。それを繰り返し、紙がきつね色になったら取り出す。
⑤皿に乗せて、奉書紙を開く。ハジカミショウガを添え、小皿にポン酢と小口切りしたアサツキネギを入れて完成。

■材料（4人分）

・白身の切り身魚（皮付き）	200g
・殻付きエビ	4尾
・貝柱	4個
・シメジ	1パック
・サツマイモ	100g
・グリーンアスパラガス	4本
・長ネギ	1本
・アサツキネギ	4本
・レモン	1個
・ポン酢	適量
・酒	適量
・塩	適量
・一味唐辛子	適量
・酢	大さじ2
・食塩水	1ℓに塩20g
・奉書紙（A4）	4枚

【ハジカミショウガ】(A)

・ハジカミショウガ	4本
・酢	50ml
・水	50ml
・砂糖	大さじ2
・みりん	大さじ1
・塩	少々

秋

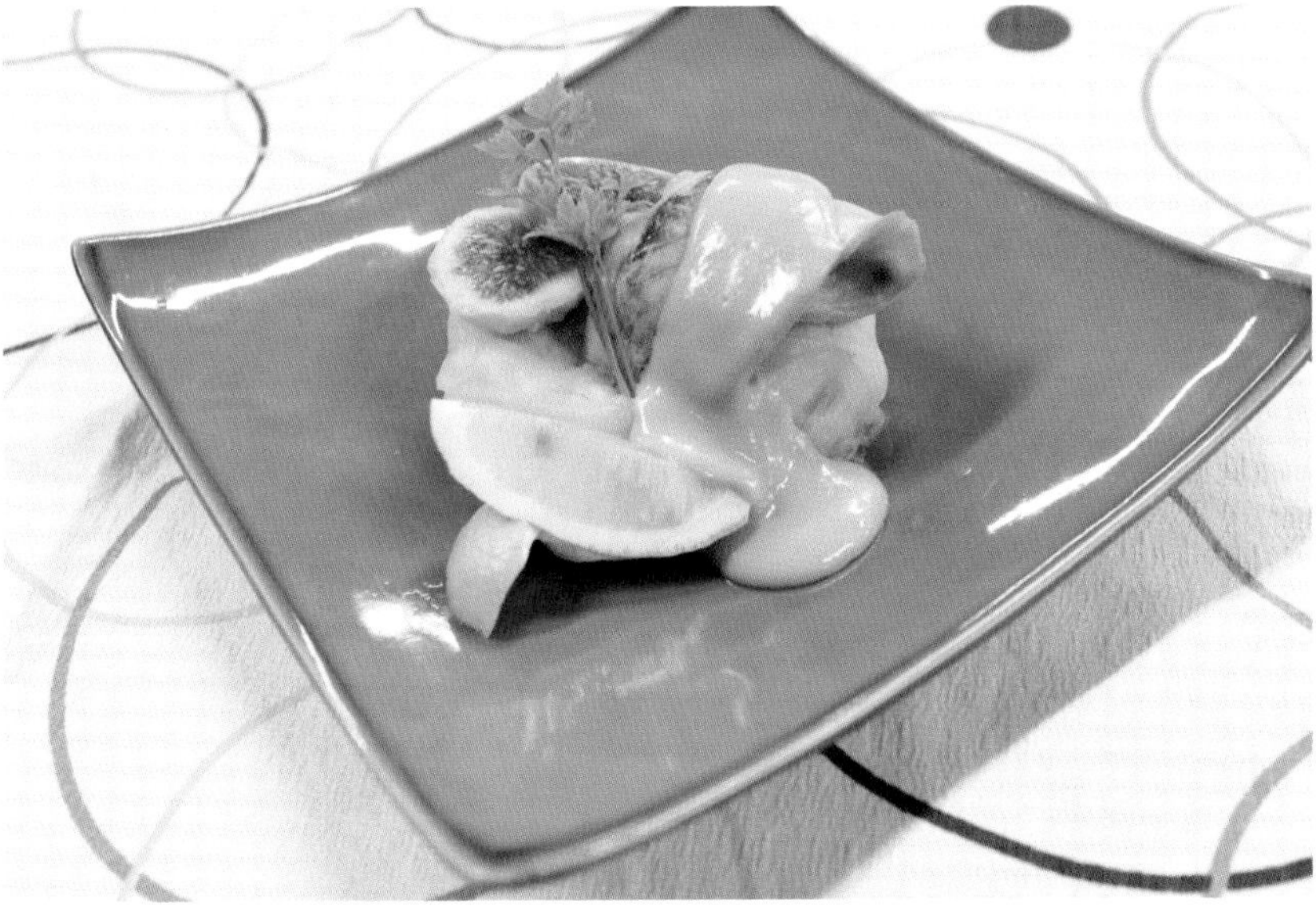

かわはぎとやさいともむし　ごまみそよごし

カワハギと野菜共蒸し　ごまみそよごし

秋から冬に旬を迎えるカワハギは、調理の前に皮をはぐことからその名前が付いたそうです。味はフグにも匹敵するといわれ、刺身をはじめ、調理法は万能。身離れが良い半面、加熱し過ぎると身崩れます。肝臓は美味で共あえ（身と共に味つけしてあえる）に適し、干した鰭《ひれ》を焼いて熱かんに浸すひれ酒は絶品。今回は、和風調理のカワハギを現代風にアレンジしてみました。

下ごしらえ

❶カワハギは、皮をはがしたのを求める。大きいものなら三枚卸し、小さいものならブツ切りにして、キッチンペーパーを

敷いたバットにカワハギぎを並べ、（A）のかけ汁をかけ、20分程度下味を付ける。

❷エリンギは、食べやすい大きさにし、皮をむいたジャガイモは1㎝角、ニンジンは5㎜角に切り、堅めにゆがく。

❸ベーコンは、熱したフライパンでカリカリに焼き、横5㎜幅に切りそろえる。

❹イチジクは、皮を取って好みの型に切り、ハケで小麦粉をはたき、バターで焼き、白ワインをかけ、表面を焦がしておく。

作り方

①ライスペーパーは湿らせておく。トマトは、厚さ3㎜の輪切りにする。

②ボウルに❷、❸を入れ、（B）の3分の2を軽く全体にあえ、味見をしながら下味をつけます。仕上げにレモン汁1個分をしぼる。

③広げたライスペーパーの手前に、トマトの輪切りを敷き、さらにその上に②を乗せ、手前から形よく包み込む。

④③を皿に取り、カワハギの身に付いた水気を拭いて、蒸し器で2分くらい蒸す。

⑤それぞれの皿に④を取り分け、レモンスライス、イチジクを盛り付け、残ったごまみそを品よくかけ、イタリアンパセリを添えて出来上がり。熱いうちに食すのと、冷まして食すのと、どちらもお勧め。

※料理名に「よごす」とあるのは、「あえる」という意味合いで名付けた。

材料（4人分）

- カワハギ……中2尾
- エリンギ……2本
- ジャガイモ……中2個
- ニンジン……40g
- ベーコン……1枚
- イチジク……大2個
- ライスペーパー……4枚
- トマト……中1個
- レモン……1/4を2個
- イタリアンパセリ……4本
- バター……大さじ1.5
- 白ワイン……大さじ2
- 塩……少々
- 小麦粉……適量

(A)かけ汁

- 薄口しょうゆ……大さじ2
- 酒……大さじ2

(B)ごまみそだれ

- 練り白ごま……大さじ4
- 白みそ……大さじ4
- 砂糖……小さじ2
- みりん……小さじ2
- だし汁……50ml

■作り方　上から順にすり鉢に入れて十分すりってとろりとさせ、薄く、甘辛く仕上げる。カワハギの肝は、好みで加減を。だし汁は濃さを見ながら調節を。

あきさばのみそに
秋サバのみそ煮

青魚の代表格・秋サバは、秋から冬にかけては「ホンサバ」として旬を迎えます。ご存じのようにサバは傷みやすいので、すぐに調理したり塩や酢で締めたりして腐敗を防ぎます。産地以外では生で食べることがほとんどなく、塩焼き、みそ煮、竜田揚げ、唐揚げ、シメサバ、バッテラ、棒ずしなど多くの料理アレンジで好まれています。またブランド魚としては、大分・佐賀関で水揚げされる「関サバ」、愛媛・佐田岬の「岬サバ」も有名です。

作り方

①サバは、内臓を取り除き、筒切りにして水洗いし、ふきんで水気をふき取る。

②水から霜降りにするには、鍋にたっぷりの水を張り、サバを入れ、75℃くらいで引き上げ、冷水に取り出して汚れを取り除く。
③底の浅い鍋に（B）を入れる。順番は、玉酒を入れ、赤みそを溶かし、一度こし器でこして鍋に戻し入れ、砂糖、赤酒、濃口しょう油を加えて加熱。味見して甘辛みを加減する。
④白ネギは、1本を5㎝に切り、包丁で縦に切れ目を入れ、広げて細い千切りにして冷水に放ち、ピンとさせておく。
⑤残りの白ネギは、長さ4㎝に切りそろえ、フライパンでネギ全体に焦げ目を付ける。
⑥ショウガは、皮付きのまま洗って、3㎝四方にスライスしておく。
⑦③の中に、⑤と⑥を底に敷き、サバを並べて煮立て、落としぶた（紙ぶたでよい）をして、弱火でふつふつと20分ほど煮る。途中、焦げないように煮汁をかける。
⑧（A）は、チンゲン菜に塩ひとつまみを加えてゆがき、そのまま冷まし、残りの湯で薄揚げを湯通しする。かんぴょうは、水で戻して、ツメが立つ程度の柔らかさにゆがく。
⑨薄揚げは4等分に切り帯状に広げ、余分な中身を取り除き、適当な大きさに切ったチンゲン菜を俵状に包み、かんぴょうで結ぶ。（C）のだし汁で俵状の信田巻きを煮立て、そのまま煮含める。
⑩⑦が煮あがったら、一度⑨を入れて味付けし、器に盛り付けて④を天盛りにしていただく。

材料（4人分）

・サバの切り身1切れ当たり80gを4切れ
・白ネギ …………………………… 2本
・ショウガ ………………………… 40g
【付け合わせ材料(4人分)】
(A)チンゲン菜の信太巻き
・チンゲン菜…1株　・薄揚げ…1枚
・かんぴょう…40㎝
(B)サバのみそ煮調味料
・玉酒(水・酒各1カップ)…2カップ
・米赤みそ…60g　・砂糖…大さじ3
・赤酒…大さじ3(みりんで代用も)
・濃口しょう油…大さじ1
(C)八方だし汁
・煮だし汁…1カップ
・淡口しょう油…大さじ1.5
・みりん…大さじ1.5

■ひとくちメモ　水から霜降り：普通、霜降りには熱湯を使い、霜が降ったように表面を白くしますが、水から霜降りすると皮が破れにくく、きれいに仕上がります。

■ワンポイント
サバのみそ煮調味料：材料の分量と同じくらいの調味料の分量を使います。通常、魚を煮付けるときは、8割くらいの調味料の分量を使い、身がのぞくくらいで煮ます。　赤酒は、灰持酒（あくもちしゅ）とも呼ばれ、主に料理酒として使われます。微アルカリ性で、料理の仕上がりがふっくら、まろやかに。コク、照り、柔らかさを与えるので、調理師は利用します。手に入らない場合は、みりんを同量用います。

野菜と魚介重ね《やさいとぎょかいがさね》 リンゴヨーグルト寄せ《りんごよーぐるとよせ》

リンゴ（紅玉）は、水溶性食物繊維のペクチンを含み、腸内作用を発揮するだけでなく、水や熱に強く、抗酸化パワーで活性酸素を除去し、血液をサラサラにしてくれると言われ、昔から「1日1個のリンゴは医者を遠ざける」とも言われるほどです。デザートとして生で食べる人が多いと思いますが、肉や魚、チーズとの相性も良いので調理に積極的に取り入れたい食材。今回は「紅玉」を使い、酸味が強く、煮崩れしにくい特徴を生かした一品を紹介します。

作り方

①リンゴは、皮をむき、ヘタを取り除き、上から3分の1のところから包丁で切り離し、中身をくり抜き、釜状にして、一度水にさらしてアク止めをし、電子レンジで約2分加熱する（熱しすぎると形が崩れる）。
②果肉はすりおろしておく（くり抜いた中身、リンゴの果肉）。
③リンゴヨーグルトは、ボールにヨーグルト、酢、砂糖、レモン汁と、ふやかしたゼラチンを入れ、湯せんをしながらトマトジュースを加え、よく混ぜ、一度裏ごしをして①の釜状のリンゴに流し入れ、グリーンピースを加え、冷蔵庫で冷やして固める。
④ホタテは、厚さ3㎜にスライスして、軽く塩をふり、少し置いて水気をふき取り、酒を少々振りかけ、焦がさない程度にフライパンでそのまま焼く。
⑤エビは、竹串を打ってゆで、皮をむき、塩、酢を軽く振りかけておく。
⑥生サケの切り身は3㎜の厚さにスライスし、10㎝角切り昆布2枚の間にサンドイッチ状に包み、30分ほど置いて、ガーゼに包み、まな板を斜めにして熱湯をかけ、冷水に放ち、水気を切っておく。
⑦ゴマみそだれは、すり鉢に白炒りゴマを取り、半ずり状態にして、白みそ、酢、みりん、塩、サラダ油を入れすり混ぜ、マヨネーズを加え、味見をしてリンゴ果肉おろしを加える。
⑧5㎝幅のセルクル（円形の輪）を用意し、トマト、山芋を3㎜の厚さにスライスしてレタスと魚介を彩りよく重ね、ゴマみそだれを間に流し入れ、型から抜いて皿に盛る。
⑨リンゴヨーグルトは固まったら放射状に6等分して⑧の周りに飾る。周囲と上からもゴマみそだれを差しかける。

材料（4人分）

・ホタテ …… 中4個
・エビ …… 4匹
・昆布 …… 2枚(10cm角)
・生サケ切り身 …… 160g
・トマト …… 中1個
・山芋 …… 直径・長さ各5㎝
・ニューヨークレタス …… 2枚

■調味料
塩、酒、酢 …… いずれも少々

■リンゴヨーグルト
・リンゴ(紅玉) …… 4個
・ヨーグルト …… 100ml
・グリーンピース …… 大さ2
・トマトジュース …… 100ml
・酢 …… 小さじ2
・砂糖 …… 大さじ2
・レモン汁 …… 小さじ2
・板ゼラチン …… 1枚

■ゴマみそだれ
・白炒りごま …… 大さじ2
・マヨネーズ …… 大さじ2
・サラダ油 …… 大さじ2
・白みそ …… 大さじ2
・みりん …… 大さじ2
・リンゴ果肉おろし …… 大さじ4
・酢 …… 大さじ2
・塩 …… 小さじ5分の2

こだいやきうしお・あきやさいすいぢむし

小鯛焼き潮《うしお》・秋野菜吸い地蒸し

熱く湯気が立ち昇り、体のシンから温まる汁料理が恋しい時季。汁物の具材には旬の物の魚介、昆布、肉、野菜、茸、種実、果実などを使い、新米ごはんとの組み合わせを楽しみ、収穫の喜びを感謝する季節でもあります。汁類は、澄まし、濁ったもの、とろみ付きなどさまざまです。汁物に香りを添え、味を引き立てる「吸い口」にも工夫し、香辛料、ユズ類、おろしショウガなどをあしらい、楽しみたいものです。

作り方

①3枚におろした小鯛の皮を下にし、身の両端を折り込むよう

にして、金串を左右2本打つ。皮目に包丁の切り込みを入れ、荒塩を振りかける。

※普通、振り塩は魚の重量の約5%を目安にするが、今回は吸い口にも塩味を付けるので、塩加減には注意が必要。ポイントは、いかにおいしい塩を使うかなので、荒塩がお勧め。また、小鯛は焼くことで身が締まり、加熱しても皮がはがれにくく、仕上がりが良い。焼くのは皮目だけにすること。焼き上がった際、金串を左右に2、3度回転させておくと、金串が抜きやすくなる。

②シメジは足つきをきれいにして、2、3本ずつ人数分に分ける。金時ニンジンはきれいに水洗いし、皮付きのまま5㎝のマッチ棒型に切りそろえる。ヤングコーンは、大きさを整え、ワカメは一口大に切りそろえる。ユズ皮は細く切りそろえておく。コマツナはサッと湯通しして水気を搾っておき、5㎝に切りそろえる。

③吸い地（吸い物のつゆ）を鍋に取り、シメジ、金時ニンジン、ヤングコーンを煮立て、酒と塩を入れ、アクをすくい取り、最後に淡口しょう油を足す。出来上がりは、ほぼ吸い物くらいの味にする。

④深めの皿に焼いた小鯛を盛り、③の食材とワカメを入れ、コマツナを盛り、③の吸い地を張って、熱くした蒸し器に入れ、上から水滴が垂れないようふたをずらして10分ほど加熱する。

⑤取り出して、天かすをふりかけ、ユズ皮の細切りを吸い口に、いただく。塩焼きの小鯛の塩味と野菜の持つ風味で拮抗《きっこう》させ、バランスの取れた潮汁《うしお》に仕立てる。

材料（4人分）

- ・小鯛 …………………………… 2枚
- ・シメジ ……………… 2分の1パック
- ・金時ニンジン …………3分の1本
- ・ヤングコーン ………………… 4本
- ・ユズ皮 ………………2分の1個分
- ・コマツナ ……………………… 1束
- ・ワカメ（戻したもの） ………… 20g
- ・天かす ……………………大さじ4

■吸い地（すいじ）

- ・水（ミネラルウオーター） …… 3カップ
- ・淡口しょう油 ……………小さじ1.5
- ・塩 …………………… 小さじ2分の1
- ・酒 …………………………大さじ1
- ・昆布（10㎝四方） ……………… 1枚

(1)小鯛はうろこを落とし、三枚おろしにする。頭は左右2等分にして、中骨と一緒に塩を振り、30分おいて水洗いする。さらに霜降り（湯通し）して雑味を除き、全体を淡いきつね色に焼き目を付ける。

(2)鍋に水（ミネラルウオーター）と昆布を入れ、分量の塩の半分を入れる。焼いた小鯛の頭と中骨を加えて加熱。煮立つ前に昆布を引き揚げ、アクをすくい取り、ふきんで汁をこしておく。

■ひと口メモ

小鯛として使用する黄鯛はレンコ鯛とも呼ばれ、体色が黄色がかっている。産卵期は6～7月と10～11月の2回。真鯛よりも味は劣るが、値段が安く、塩焼き、煮つけ、刺し身に用いられ、かまぼこの原料にも使われる。

素揚《すあげ》太刀魚《たちうお》と秋野菜《あきやさい》の宴《うたげ》ホイル蒸《ほいるむし》

立って泳ぐ姿と体型が刀に似ている太刀魚《タチウオ》は〝名は体を表す〟魚。脂質が多く淡白なうま味を持っています。芋類は、デンプン消化に加熱の必要なサトイモと、特殊酵素を持ち、生で食べられるヤマイモを使います。緑黄色野菜のニンジン、ピーマンは生活習慣病予防に効果的で、油脂類と一緒に調理すれば吸収力がアップします。また、歯応え、うま味、香りを楽しめる名脇役としてきのこ類もぜひ使いたい食材です。

作り方

①タチウオの切り身に軽く当て塩をして10分おき、クッキング

ペーパーで塩、水気をふき取り、150〜160℃の油で火を通す程度に揚げ、次に170〜180℃でカラリと二度揚げして油を切っておく。

②シメジは、酒少々を振りかけて電子レンジで加熱（固さが残るくらい）。小鍋に湯を沸かし、ごま油小さじ2、塩一つまみを入れ、ニンジンの拍子切りを入れ、固さが残る程度までゆがく。

③サトイモは、小鍋に塩少々を入れ、水からゆがき、串が通るくらいになれば、半分ゆでこぼし、水道水を上から静かに流し入れて冷やし、水を切る。※壊れにくくするため。

④当り鉢（すり鉢）の底に塩をおき、ヤマイモをすりおろし、皮をむいたところまですりおろしたら皮をむき、さらに繰り返しておろす（手を汚さないため）。すりこぎで、滑らかになるまでよくすって、だしつゆ（A）を玉じゃくしで少しずつ分けて入れ、粘り加減で調節し、サラリとしたかゆ状の固さにする。

⑤②③とピーマンは、ともあえ地（B）をからませ下味をつける。アルミ箔《はく》を広げ、周囲を巻いてフチ取りをし、底に④を少量敷き、柚子を除き色どりを考えて、材料を配置、すき間に④を流し入れ、180℃のオーブントースターで20分ほど全体に熱を通す。ユズのスライスを添え、4〜5分蒸し焼きにして仕上げる。

■材料（4人分）

・タチウオ…………………4切れ（120g）
・シメジ……………………1パック
・サトイモ（小）……………12個
・ピーマン（青）……………中1個
・ニンジン……………………50g
・ユズ…………………………1個
・ヤマイモ……………………400g

■調味料

・塩……………………………適量
・酒……………………………大さじ2
・ごま油………………………小さじ2

【だしつゆ】(A)

・だし汁……………………1.5〜2カップ
・酒……………………………大さじ2
・薄口しょうゆ………………大さじ2
・みりん………………………大さじ1

【ともあえ地】(B)

・塩……………………………小さじ1/2
・チーマージャン……………大さじ2
・砂糖…………………………小さじ1
・粒マスタード………………大さじ1
・酢……………………………小さじ1.5

■下ごしらえ

①タチウオは、鮮度の良いものを用意。背びれの両側からV字型に包丁で切り込みを入れ、引っ張って骨ごと抜き、皮目に沿って横に切り込みを入れ小骨を切っておく。

②シメジは、2〜3本を株分けして切りそろえる。ニンジンは、長さ4㎝、厚さ3㎜の拍子切りにする。

③サトイモは厚めに皮をむき、塩をふってビニール袋に入れ、手でもみながらヌメリを除き水洗いする。

④ピーマンは皮目を黒く焼き、皮をむき、5㎜幅に切りそろえ、ユズは厚さ2㎜のスライスにする。

みのりやさいのいとこに

実り野菜の〝いとこ煮〟

小豆と野菜類（イモ、ナンキン、レンコン、クリ、ゴボウ、ダイコン、クワイ）に豆腐やコンニャクを一緒に煮てみそやしょうゆで味つけしたものを「いとこ煮」と呼びます。名前の由来は、材料の固い物から順に煮るので、おいおい（甥）、めいめい（姪）に入るというゴロ説や、でんぷん同士、野菜同士で煮るからなど諸説。神仏にお供えした後、集めて作ったり、冠婚葬祭で供されるので汁をにごらせないよう工夫するなど、地方によって冷やし物としたり、汁を煮詰めたりするそうです。

下ごしらえ

❶レンコンは、両端の節を切り落とし、皮をつけたまま、たっ

ぷりの水に酢大さじ1を入れ、アク止めをして水気を切る。
❷小豆は七分通りゆでて、水気を切っておく。
❸クリは渋皮をはいで、水にひたし、七分通りゆでておく。

作り方

①レンコンはピーラーで皮をむき、縦向きに立てて穴に小豆を隙間なく詰め、両端を白手ぬぐいでふたをするように包み、ひもで結んでおく。
②鍋にクリと（B）のクリ煮含め汁を入れ、中火でふっくら煮てそのまま冷まし、煮含めておく。
③サトイモは、皮をむき鍋にイモがかぶるくらい水を入れ、酢小さじ1、塩ひとつまみを加えゆでこぼしをして、ぬめりを少々取り除く。
④厚揚げは、一口大に切りそろえ湯通しして、油抜きをしてザルにあげておく。
⑤鍋に水4カップを入れ、鍋底に昆布1枚を敷く。加熱した後、弱火で20分煮出して、昆布を取り出す。
⑥⑤に（A）の煮出し汁を加え、①②③④を加えて、上に残り1枚の昆布を乗せ、煮出し汁が全体にいきわたるようにコトコト煮立てる。
⑦レンコンが煮上がったら、取り出し人数分に合わせて輪切りに切りそろえる。
⑧器は、深めの物を用意し、レンコンを中心に周囲に厚揚げ、サトイモ、クリを盛りつけ、上から煮汁をかけ、ユズのスライスをあしらう。好みにより温製、冷製、汁を煮詰めるなどしていただく。

材料（4人分）

・レンコン	1節
・小豆	1/2カップ
・クリ	4個
・サトイモ（中）	4個
・厚揚げ	1丁
・ユズ	1個
・昆布（20cm角）	2枚
・酢	適量
・水	4カップ

【煮出し汁】（A）

・酒	大さじ4.5
・薄口しょうゆ	大さじ1.5
・みりん	大さじ1
・塩	小さじ1

【クリ煮含め汁】（B）

・水	2カップ
・ザラメ糖	1/4カップ
・みりん	大さじ3
・塩	ひとつまみ

松花堂風《しょうかどうふう》瀬戸内ちらし寿司《せとうちちらしずし》

新米を使った具だくさんの「ちらし寿司」は、記念日やおもてなしの定番メニュー。瀬戸内の魚介や、野菜類を使い華やかに盛り付けます。ちらし寿司は、江戸時代には大奥で、末期には庶民の祝事に作られ、当時は野菜類も多く、サケ、スルメ、卵が使われています。具はすし飯に混ぜず、上に散らして「吹き寄せずし」とも呼ばれ、海鮮丼、鉄火丼はその流れをくんでいるともいわれています。今回は、松花堂風にアレンジしました。

作り方

①ニンジンは厚さ2㎜にスライスし、花形に抜いておく。生シ

イタケは洗ってスライスし、ゆでタケノコもスライス（厚さ3㎜）しておく。煮汁（出し汁1・5カップ、みりん大さじ2・5、砂糖大さじ2・5、薄口しょうゆ大さじ3、酒大さじ2・5）を鍋に入れ、ニンジン、生シイタケ、ゆでタケノコを汁がなくなるまで焦がさないよう煮て、冷ます。

②皮をむいたレンコンはゆで、厚さ2㎜に切り、(A)に浸す。

③ギンナンはからいりして殻と薄皮を取り除き、グリーンピースはさっと湯通ししておく。

④卵は、薄焼きを4枚焼き、冷まして小口から細く錦糸卵に切りそろえおく。

⑤小エビは、背わたを取り、塩をひとつまみ加えてゆがき、皮を外し、軽く酢と塩を振りかけておく。焼きアナゴは、一口大に切っておく。

⑥サゴシは、腹骨、中骨を取り除き、中央から縦に2等分して身を薄くそいでおく。残りの身は厚さ4㎜に切っておく。

⑦①～⑥の具を一口残し、残りをちらし寿司の材料に使う。すし飯は8㎝角の器を用意し、底厚さ1㎝に敷き詰め⑥のサゴシのそぎ身をすき間なく敷き、すし飯を再度厚さ1㎝に敷き詰め、サゴシの身を敷き、同じ動作をして高さ4㎝に仕上げる。

⑧できあがった四角形のすし飯を上から包丁で田の字（松花堂型）に切り離し、巻のりを4つ作る。

⑨⑧で出来た上に、少しずつ残した具を配置し、木の芽、穂ジソを飾り、器に松花堂風に盛りつけて出来上がり。

■材料（4人分）

・サゴシ	片身
・ニンジン	40g
・生シイタケ	8枚
・ゆでタケノコ	50g
・米	3合
・ギンナン	12個
・レンコン	長さ5㎝
・グリーンピース	大さじ3
・卵	3個
・小エビ	8尾
・焼きアナゴ	2尾
・巻のり	1枚
・木の芽	8枚
・穂ジソ	8本
・塩	適量
・酢	適量

■下ごしらえ

・前日／サゴシは、全体に粗塩をまぶして約3時間おき、指で触って固くなったら塩を洗い流す。水気を拭いて(A)漬け酢(酢2カップ、砂糖大さじ4、みりん大さじ2、酒大さじ2)に浸し、全体が白くなったら引き上げ(約40分)、水気を拭いて冷蔵庫で一晩寝かす。

・当日／米は、炊く30分前に洗ってザルに上げて水を切り、米と同量の水を加えて炊く。炊けたら飯房に移し、加熱して溶かしておいた合わせ酢(酢70ml、砂糖大さじ3、塩小さじ1.5、化学調味料小さじ3分の1)をご飯にかけ回し、あおぎながら木じゃくしで切るように混ぜ、すし飯を作る。

新里芋と干鱈の炊き合せ《しんさといもとほしだらのたきあわせ》
無花果揚添え《いちぢくあげぞえ》

暑さ寒さも彼岸までとは気候の変わり目を表しますが、これからの季節は食材も調理法も変わります。秋口になればうま味をより求め、昆布やカツオ節の量を増し、魚介類は塩焼から照焼き、みそ漬け焼に、煮物もコクのあるだし汁にするため、しょうゆ、砂糖を濃目に。あしらいも青味から暖かめ系へ。今回はサトイモ、干した鱈《タラ》、無花果《イチジク》を使った健康ハーモニーともいえる炊き合わせを紹介します。

下ごしらえ

❶干しタラは、ふきんに包み、木づちでたたいて繊維をほぐし、

米のとぎ汁に浸し、とぎ汁を変えながら3日ほど常温にして塩気や雑味を抜き、水洗いして、人数分に切り分ける。切り分けたタラは鍋に湯を沸かし5〜6分ゆでておく。

❷新サトイモは、掘りたての新イモを使う。八角に切り、ラグビーボール型に整える。煮るときは砂糖を控えめにして、だし汁よりも水で炊き合わせる。

作り方

①下ごしらえしたタラ、サトイモを鍋に入れ、かぶるくらいの水(1・8ℓ)を入れ、火を入れ、出てきたアクは取り除く。火を弱め、落としぶたをして炊く。

②サトイモに串を刺して軽く通るくらいの柔らかさになったら、濃口しょうゆ(半量づつ2回に分け加える)、酒、みりん、砂糖を入れ、ふつふつ炊く。30分ほど炊いた後、サトイモのぬめりがタラの表面を覆うことと、タラのゼラチン質がサトイモに付いて艶がよくなったのを確かめ、固さをみて火を加減する。鍋のまま味を含ませ、冷ます。

③イチジク2個は、皮をむいて4等分のくし型に切りそろえる。切り口にユズゴマみそを塗りつけ、かたくり粉をつけ、余分な粉をはたいて落とす。

④植物油を170℃に熱し、③のイチジクをカラリと揚げる。

⑤いただく前に、②を再加熱し、サトイモの上部にケシの実をまぶし、タラを盛り付け、イチジクを添え、万能ネギの小口切りを散らして出来上がり。

材料(4人分)

- ・干しタラ………………… 200g
- ・米のとぎ汁 ………………3ℓ
- ・新サトイモ………………大8個
- ・水 ………………………1.8ℓ
- ・酒 ………………………大さじ6
- ・みりん ………………大さじ1.5
- ・砂糖 ……………………大さじ2
- ・濃口しょうゆ …………大さじ4
- ・イチジク…………………… 2個
- ・万能ネギ ……………………1把
- ・ケシの実 ………………小さじ2
- ・植物油 ……………………適量
- ・かたくり粉…………………適量

■ユズゴマみそ

<分量>

- ・白みそ …………………大さじ2.5
- ・ザラメ糖 ………………小さじ2
- ・みりん …………………大さじ1
- ・炒り白ごま………………小さじ1
- ・おろしゆず ……………小さじ1

<分量と作り方>

すべてを小鍋に取り、みそが煮立つくらいまで火を入れる

秋刀魚の空揚げ《さんまのからあげ》 柿釜なます《かきかまなます》

サンマ（秋刀魚）は不飽和脂肪酸を豊富に含み、生活習慣病を予防をする典型的な青背魚。内臓は独特の苦味を持ちますが、ビタミンA、カルシウム、マグネシウムなどの微量栄養素を含みます。漁獲の海域によって味の差があり、北海道から三陸沖のものは豊富な餌を食べて脂が乗り、太っています。南下するのに伴なって脂が抜けてやせてきます。そのためサンマ料理は、産地ごとに身質をさまざまに工夫しています。

下ごしらえ

❶サンマは、水洗いして頭を落とし、幅2〜3㎝の銅切りにして塩を振る。30分置いて水気をふき取り、かたくり粉をまぶして約170℃の油温で揚げ、骨まで食べられるよう色よく二度揚げにする。❷ギンナンは、乾煎《からい》りして殻を取り、小鍋

に塩を少し入れ、振りながら薄皮を取り除く。❸マツタケは4等分に切り直火で焼き、スダチ半個分の汁を絞って振りかける。残り半分のスダチは、皮を細く拍子木に切っておき、絞り汁は残しておく。玉ネギはごく薄いリング状に切って冷水に放っておく。

作り方

①大根は、おろして辛味とクセを抜くため水、酒、みりん各50㎖を合わせた水ですすぐように洗い（流れないようボウルに布巾を敷いておく）、布巾で絞る。
②柿は実のフチを5㎜ほど残して中身を包丁の先で切り出しておき。実のうち、3分の2は1㎝角程度に切りそろえ、残り3分の1はすりおろしておく。
③リンゴは、皮付きのまま4分の1等分のイチョウ型に切り、冷水に酢少々を加えて、ボールの中にさらした後、引き揚げて水切りする。
④ニューヨークレタスは冷水に放ってピンとさせ、手でちぎって4等分にする。
⑤①の大根おろしに柿のおろしを加えて混ぜ合わせ、甘酢（A）を加える。
⑥柿の器の中に⑤を入れ、揚げたサンマを盛り込み、ギンナン、マツタケの素焼き、リンゴのスライスを盛り付ける。
⑦イクラを色どり良くアクセントとして盛り付ける。
⑧柿の器の下にニューヨークレタスを敷き、玉ネギのリングをあしらい、ミモザの花のように軽く塩を振り、甘酢（B）を振りかける。柿の器は品良く、ほかの材料が多くなければニューヨークレタスの中に盛り込んで仕上げる。

材料（4人分）

・サンマ……2匹
・ギンナン……8個
・マツタケ……中1本
・スダチ……1個
・玉ネギ……中1個
・大根……直径5㎝×長さ7㎝を1切れ
・柿……4個
・リンゴ……2分の1個
・ニューヨークレタス……4枚
・イクラ……大さじ2
・かたくり粉……適量
・酒……50ml
・みりん……50ml
・酢……少々
・塩……少々

■甘酢（A）
・酢……大さじ4
・砂糖……大さじ2
・塩……小さじ1.2
・スダチ残り絞り汁
すべてボールに入れてよく混ぜ合わせる。
（B）少し残してレタスに振りかける

糸縒《いとより》・海老《えび》・野菜《やさい》・貝柱《かいばしら》真薯《しんじょう》蒸《む》し銀《ぎん》あんかけ

秋口から冬にかけて旬を迎えた「イトヨリ」（糸縒魚、糸撚、金糸魚などの漢字がある）は、紅色の体に細い黄色の縦じまがあり、泳ぐ時、ひれが金糸をよったように見えることから、この名前が付いたといわれています。味は淡白で柔らかく、クセがないので、刺し身、焼き物、蒸し物、椀種などに利用されます。今回は、「糸縒・海老・野菜・貝柱真薯《しんじょう》蒸し銀あんかけ」を紹介します。

下ごしらえ

❶イトヨリは3枚におろして腹骨を包丁ですき、残りの骨を骨抜きで抜き取り、ふきんで水気を取る。軽く塩を振りかけ、冷

蔵庫で約1時間ほど寝かす。

❷貝柱は包丁で刻んですり鉢ですり、タラ、エソ、グチなどの白身魚のすり身を加え、塩小さじ3分の2、卵白1個分を加えて順に練る。さらに卵白1個分を加えて練り、固さを見ながら、かたくり粉大さじ1を加えた生地を作る。

❸キクラゲ、ニンジン、生シイタケはそれぞれ細切りにして、小鍋に湯を沸かし、すべて入れて塩を少し加え、さっとゆがき、ざるで水気を切っておく。

作り方

①❶のイトヨリを冷蔵庫から取り出し、皮目を下にして、尾の方から斜めに厚さ3～4㎜にそぎ切りにし、等間隔に切りそろえる。巻きすの上にラップを広げ、そぎ切りしたイトヨリを置く。

②ブラックタイガーは腹下に竹串を打って、真っ直ぐに伸ばす。湯に塩少々と酢小さじ2を加えて七分ゆでにして冷まし、串を抜き、殻をむく。

③❶の上にかたくり粉をはたき、❷を平たく伸ばし、❸とブラックタイガーを中心に置いてしっかり巻き、イトヨリの皮目が網状になるよう確かめて糸で縛り、両端にすき間がないようにして熱した蒸し器に20分ほど入れ、余熱で火を通す。

④黄ニラは幅3㎝に切り、皿に取り、酒少々を振り、余熱の蒸し器に一緒に入れて熱しておく。

⑤イトヨリは4㎝ほどの長さに切りそろえ、深めの器に盛り黄ニラを散らす。

⑥(A)を温めなおし、黄ユズの皮を薄く、細い爪型に切って加え、味をみて、イトヨリの上にかけ、木の芽を散らす。

⑦タカの爪を糸状に千切りして、イトヨリの上にふんわりとかける。

材料（4人分）

・イトヨリ……30㎝大2尾
・貝柱……150g
・白身魚のすり身……200g
・卵白……2個分
・キクラゲ……2枚
・ニンジン……50g
・生シイタケ……4枚
・ブラックタイガー……4尾
・黄ニラ……1/2束
・黄ユズ……1/2個
・木の芽……4枚
・タカの爪……適量
・かたくり粉……大さじ2
・塩……小さじ2
・酢……小さじ2
・酒……適量

■八方銀あん(A)
手付き小鍋に、だし汁(400ml)、淡口しょうゆ(40ml)、みりん(40ml)、酒(20ml)、かたくり粉(大さじ1)を取り、8割方まで煮立て、水溶きかたくり粉を加え、最後に、黄ユズの絞り汁(大さじ1)を加える。

さんまとふきよせ　しゅんさいほおばみそやき

秋刀魚と吹き寄せ旬菜朴葉みそ焼き

秋を代表する味ながら、漁獲量が減少している秋刀魚《サンマ》。名前は、体長が細長いことから「挟真魚」が転じたという説、群を意味する「拓」と「魚」を意味する〝マ〟が結びついたとする説がありま す。使用する朴葉（ほおば＝ホオノキの葉）は火に比較的強く、香りや殺菌作用もあり、料理に広く使われます。寒く凍った漬物を葉に乗せ焼いたのが始まりとも。

下ごしらえ

❶サンマは、頭を落とし人数分に筒切りにし、内臓を抜き降り塩をして10分ほどで出てくる水分をふき取る。

❷ギンナンは、殻付きの場合はからいりして鬼殻を除き、塩少量を加えてゆがき、薄皮を取りおかあげにする。
❸長ネギ、しょうがはみじん切りにする。
❹シメジ、シイタケ、リンゴは好みの一口大に切る（リンゴは塩水でアク止めを)。
❺朴葉は水で湿らせておき、使用直前に酒を振る。

作り方

①朴葉を広げる。真ん中を折り目として包めるように大葉青シソを敷き、その上に朴葉みそを乗せ、絵を描くように❶を配し、❹も同様に配す。
②❸は上から散らすように香り付けする。
③焼くのは炭火が一番理想的。ガスの直火なら、金網で火を加減しながら離れないこと。電磁調理器の場合は、下火だけで焼く。
④ハジカミしょうがは、しょうがの部分を見栄えよく庖丁で細工し、軽くゆがいて、甘酢に紅色が出るまで10分ほど浸しておく。
⑤朴葉みそがフツフツ小泡が立ち、朴の香りがただよい火が通ったらハジカミしょうがを添えていただく。
※朴葉みそを冷蔵庫で冷まし、温度を下げておくと火が通るまで時間がかかり、食材に味がしみる。

材料（4人分）

- サンマ……中4尾
- ギンナン……8個
- 長ねぎ……1/4本
- じょうが……30g
- シメジタケ……1パック
- シイタケ……小4枚
- リンゴ……1/2個
- ハジカミしょうが……4本
- 朴葉……4枚
- 大葉青シソ……4枚
- 塩……適量
- 酒……少々

■朴葉みその材料、調味料

- クルミ……10g
- だし汁……大さじ1/2
- 中みそ……大さじ4
- 砂糖……大さじ1
- みりん……大さじ1
- 酒……大さじ1
- ごま油……小さじ1
- 練り黒ごま……大さじ1

■作り方

①クルミをフライパンで軽くからいりし、熱いうちに粗く刻む。
②ボウルにだし汁と調味料、練り黒ごまを入れ、よく混ぜ、クルミを加えて硬さを調節する。
③冷蔵庫で冷ましておく。

■甘酢

①ボウルにだし汁（大さじ3）と調味料（酢…大さじ3、砂糖…大さじ2、塩…大さじ1/5）を入れてよく混ぜ合わせる。
②その中にゆがいたハジカミを浸す。

ピリ辛口、鬼虎魚の空揚げ風《ぴりからくち、おにおこぜのからあげふう》

晩秋から冬にかけて旬を迎える「虎魚（オコゼ）」は、鬼のような形相からこの名があるとされます。しかし、見た目からは想像できないような白身で上品な味わいがありクセもありません。大ぶりならば鍋物や薄づくりの刺身に適し、小ぶりなら丸ごと空揚げにするのが手軽。オコゼも野菜も低温でじっくり揚げ、パリッとした食感でいただきましょう。今月は「ピリ辛口、鬼虎魚の空揚げ風」を紹介します。

下ごしらえ

オコゼには背びれに毒があり、ある程度の料理経験がある人でも難しいため、鮮魚店で背びれ（毒びれ）全体を取り除いてもらうのがお薦め。内臓まで取り除いたオコゼは、中骨の両側に包丁を入れ、腹近くまで切り、火の通りをよくするために身にも切り目を入れておく。

作り方

①オコゼは、空揚げにしたときに形がよく見えるよう整えておく。急速冷凍して水分を除き、形が安定したらはけで小麦粉を身につけ、余分な粉は除いておく。
②植物油を160℃に熱し、おこぜを入れ、小泡がやむまでじっくり揚げます。時間は大きさにより、8〜10分かけてカリッとするまで揚げる。
③レンコンは皮をむき、厚さ5㎜に切って甘酢に浸す。
④絹ごし豆腐は、2㎝角に切りそろえ、ザルに乗せて自然水切りをし、かたくり粉をまぶし、きつね色に揚げ、梅肉だれにまぶし和えとする。
⑤大葉青しそは、カリッとするくらいの素揚げにする。ニンジンも厚さ1㎜のもみじ型に切り、素揚げ（衣はつけない）にして軽く塩を振る。
⑥器にオコゼの空揚げを盛り、大葉、ニンジン、レンコン、豆腐を盛り付け、つけ汁を添えて食べる時に大根おろしを加え、スダチの輪切り、針唐辛子を添えて出来上がり。

材料（4人分）

・活けオコゼ　4尾（1尾150〜200g）
・レンコン…………　直径5㎝×長さ6㎝
・絹ごし豆腐　……………………　1丁
・大葉青シソ　……………………　4枚
・ニンジン　………………………　40g
・スダチ　…………………………　1個
・タカの爪（針唐辛子）　…………　2本
・小麦粉　…………………………　適量
・かたくり粉………………………　適量
・植物油　…………………………　適量

■オコゼのつけ汁
(ア)
・淡口しょうゆ………大さじ4
・みりん　……………大さじ4
・だし汁　…………1.5カップ

・大根おろし　…………　山盛り1カップ

ボウルに(ア)を一緒に取り、大根おろしは食べるときに入れる。

■レンコンの甘酢
(イ)
・酢　…………………　80ml
・水　…………………　80ml
・砂糖　………………　30g
・塩　……………　小さじ1/5

ボウルで(イ)を混ぜ合わせ、ゆでたレンコンを浸しておく。

■絹ごし豆腐の梅肉だれ
・南高梅　…………………　3個
(ウ)
・だし汁　……………1カップ
・淡口しゅうゆ………大さじ1
・酢　…………………大さじ1
・砂糖　…………　大さじ1/2

粒状に刻んだ南高梅を(ウ)と一緒に揚げ豆腐にまぶし和える。

湯葉巻《ゆばま》き豆腐《どうふ》の蟹銀餡《かにぎんあん》かけ

料理は旬を大切にしますが、1年を通じて出回る食材もあります。現在では、野菜類は年中出回り、旬が分からないほどです。旬を外れた魚介類で、多少脂肪のノリは無くても新鮮であればおいしいですし、冷凍物もうまく活用する方法もあります。旬の物は栄養価があり、おいしく、価格が安いことは抑えておき、今回は、通年ものの食材を使った料理を紹介します。

下ごしらえ

❶木綿豆腐は重石をして、まな板を斜めにして水気を絞り、ガーゼに包み、みそ床に2日ほど漬け込み、味を染み込ます。み

そは再度使うか、ほかの調理に用いる。
❷干し湯葉は、湿らせた布ふきんで挟み、しっとりさせて柔らかくする。
❸キクラゲは水にさらし、塩気を抜き、柔らかくなったら繊切りにしてよく洗い水を切っておく。
❹さや枝豆は塩をふり、手でもんでそのままゆがいてさやを除く。

作り方

①吸い物地（普段家庭で食べている吸い物と同じ味のもの）2カップを手鍋に取り、マイタケ、キクラゲ、枝豆を煮立て、そのまま味を染み込ませる。
②木綿豆腐を縦5㎝×横6㎝×厚さ2㎝くらいの大きさに切り、巻ノリも同じ大きさに切り、貼り付ける。
③湯葉を広げ、片栗粉を軽くはたき、②の豆腐を置き、緩まないよう巻き上げる。
④植物油を160℃に熱し、③をゆっくり加熱しながら揚げる。
⑤器に④を取り、水気を切った①を配置し、スズコを盛り込み、蟹銀餡をかけ、針ショウガを天盛りにしてユズを切って飾れば出来上がり。
※白みそでは甘いと思う人は、合せみそ（赤みそ1／2、白みそ1／2）と変えてみるとよい。

材料（4人分）

- ・木綿豆腐 ……… 1丁
- ・干し湯葉 ……… 4枚
- ・キクラゲ ……… 小1枚
- ・マイタケ ……… 1パック
- ・さや枝豆 ……… 1カップ
- ・スズコ ……… 大さじ4
- ・巻ノリ ……… 1枚
- ・針ショウガ ……… 40g
- ・ユズ ……… 1個
- ・カニ缶詰 ……… 1缶100g
- ・吸い物地 ……… 2カップ
- ・片栗粉 ……… 少々
- ・植物油 ……… 適量

■みそ床
- ・白みそ ……… 250〜300g
- ・酒 ……… 80ml
- ・砂糖 ……… 30g
- ・みりん ……… 30ml

※すべてボールに入れて良くかき混ぜ、加熱して冷ます。

■蟹銀餡
- (ア)
  - ・だし汁 ……… 300ml
  - ・淡口しょうゆ ……… 大さじ1.5
  - ・みりん ……… 大さじ1.5
- (イ)
  - ・くず粉 ……… 大さじ1
  - ・お湯 ……… 大さじ2

※(ア)を手鍋に取り、加熱してくず粉のお湯溶きを加え、とろりとさせ、カニをほぐして加える。

あきのか、しゅんかこう、だいどびんむし

秋の香、旬佳肴、大土瓶蒸し

南北に長く複雑な地形の日本列島には多種の食材が分布し、それらを活かした「地産地消料理」や「郷土料理」があります。また、不飽和脂肪酸を含む魚介類や新鮮野菜などを過不足なく、だし汁も上手に使った「美味佳肴料理」を生み出してきました。今回は、吸い地よりやや濃いめのだし汁でいただく、淡白な水餃子と、旬の食材を彩りよく配置し、味覚や色彩を損なわないだけでなく風流さも加味した大土瓶蒸しを紹介します。

下ごしらえ

❶昆布だし汁は500㎖を作っておく。

❷ハモは身から皮に向けて幅1㎜未満の切れ目を入れて骨切りをし、1口大に切り離し、塩を少し入れてさっとゆがき、冷水に放ち、引き上げておく。
❸鶏ササミは厚さ3㎜の斜めそぎ切りにし、くず粉をまぶしてさっとゆがき、冷水に放ち、引き上げておく。

作り方

①マツタケは大きめにスライスして直火でさっとあぶっておく。ギンナンは殻を取り、湯を張った小鍋に入れ、かき混ぜながら薄皮を取る。
②ミツバは2㎝幅に切りそろえる。ニンジンはモミジ型に型抜きし軽く下ゆでしておく。
③焼き豆腐は、一口大に切りそろえておく。切り餅は一口大に切り、キツネ色に焼く。
④吸い地よりやや濃いめの昆布だし汁を用意。
⑤大土瓶の底に水餃子を置き、味が全体に行き渡るよう他の具材を盛り込み、周りから④の吸い地を張り、蒸し器に入れ10分ほど加熱。火を止めてミツバを加える。
⑥銘々皿に取り分け、カボスを絞って出来上がり。

材料（4人分）

・ハモ切り身 ………………… 150g
・鶏ササミ ……………………… 2本
・マツタケ ……………………… 中1本
・ギンナン ……………………… 8個
・ミツバ ………………………… 1束
・ニンジン ……………………… 50g
・カボス ………………………… 1個
・焼き豆腐 ……………………… 1丁
・切り餅 ………………………… 4切れ
・塩 ……………………………… 適量

■昆布だし汁
・だし昆布 ……………… 10㎝角1枚
・水 ……………………………… 550ml
・塩 …………………………… 小さじ1/5

昆布は、表面を固絞り手拭いでふいておく。前日、(ア)を鍋に入れて室温にし、使う時に60〜70°Cで10分程加熱し、小つぶの泡が出て温度を一定に保つとよくだし汁が出る。その後、加熱して沸騰する前に昆布を引き上げる。

■シーフード餃子（4人前）
・シーフードミックス…………… 120g
・玉ネギ ………………………… 小1個
・モヤシ ………………………… 20g
・ショウガ ……………………… 40g
・ギョウザの皮 ………………… 24枚

■調味料
・淡口しょうゆ ……………… 小さじ1
・ごま油 ……………………… 小さじ1
・塩 …………………………………… 少々
・こしょう ……………………… 少々

■作り方
①シーフードミックスは粗く刻み、塩少々を振り、ミキサーにかけて小粒のみじん切りにする。
②玉ネギ、モヤシ、ショウガはみじん切りにして塩少々を振り、しばらく置いたあと軽くもみ、水気を絞る。
③①と②をボウルに取り、調味料を加えてもみ、粘りが出たら餃子の皮で包む。
④③は、さっとゆがいたあと水気を切っておく。ゆがく際には餃子の皮がほどけないようしっかり包む。

福寄《ふくよ》せちらし寿司《ずし》

11月下旬は「新嘗祭《にいなめさい》」の行われるシーズン。日本では、古くから五穀の収穫を祝う風習があり、秋に刈り取った稲を餅や酒などにし、新穀を神様に捧げ収穫に感謝します。今回は、米を吹き寄せちらしにして頭に〝福〟を、後に〝寿〟を飾り、幸福で長生きできるよう創作してみました。出来上がったら、まずは神仏にお供えしたり手を合わせたりして、動・植物のいのちを頂くことに感謝を込めて頂きましょう。

下ごしらえ1

◎ブロッコリーは一口大に枝分けし、小麦粉をはたき、湯通ししておかあげにしておく。

◎ギンナンは殻を外し、塩を少し加えて薄皮を外し、おかあげにする。

◎黄ニラは、ほどけないように絞り、ゆがいて長さ3㎝に切りそろえる。

◎クワイは皮をむぎ、薄くスライスして水に入れ、干した後、から揚げに。

下ごしらえ2

◎小鯛はおろして、塩を振り30分くらい水洗いし、酢に漬け表面が白くなれば水気を切り、一晩締めておく。

◎ハマグリは塩水に浸し、砂をはかせて器に取り、酒を振りかけて蒸煮にして殻を外す。
◎アナゴは粘りが取れるまでよく洗い、調味料（だし汁3カップ、酒大さじ3、薄口しょうゆ小さじ2、塩小さじ5分の2、砂糖大さじ3、みりん小さじ2）を合わせ、白煮にする。

作り方

①エビは、塩を加えてゆがき、殻を外した後、酢少々を振りかけておく。ハマグリは、だし汁100㎖、砂糖大さじ1、酒大さじ1、薄口しょうゆ大さじ1、みりん大さじ1で艶よく煮ておく。小鯛は、小骨を取り一口大にそぎ切りにする。
②金時ニンジンは花形に抜き、シメジは一口大に枝分けし、だし汁100㎖に砂糖大さじ1、酒小さじ2、淡口しょうゆ小さじ3分の1、みりん小さじ2を入れ、柔らか目に炊き、そのまま煮含めておく。
③ピンクしょうがは千切りにした後、水に入れて塩を抜き、水気を切り、次に水100㎖と酢100㎖に砂糖大さじ2を入れ、漬け込んでおく。
④米は洗って水を切り、炊飯器の底に昆布を敷き、炊き上げ飯房に移し、合せ酢をかけ、切るように合わせながら冷ます。
⑤平らな皿ですし飯を形づくり、錦糸玉子をふりかけ、糸のりやピンクしょうがを散らし、その他の具材を吹き寄せ風に散らし、福が集まったイメージで盛り込んで仕上げる。
※ワンポイント　吹き寄せちらしずしや炊き込みは、生のものはあまり使わず、火を通したものや酢で締めたものが主で、具が多い場合はすし飯に混ぜ込む。

材料（4人分）

・米……400g
・水……560ml
・昆布……6g

■具材
・小鯛……2尾
・金時ニンジン……1/2本
・ギンナン……8個
・ハマグリ……8個
・アナゴ(中)……2本
・エビ……8尾
・クワイ……2個
・黄ニラ……1/2本
・ブロッコリー……1株
・シメジ……8株
・ピンクしょうが……20g
・糸のり……少々

■合わせ酢／米酢(60ml)、砂糖(26g)、塩(7g)をボールに取り、調味料がよく溶けるまで温める(目安は約60℃)。
■錦糸玉子／卵(3個)、砂糖(小さじ3)、塩(小さじ5分の3)、植物油(少々)を全てボールに入れてよく溶き、卵焼器を熱して植物油で錦糸玉子を焼き、長さ5㎝の細切りにする。

紅葉鯛と秋野菜の甍風、吉野餡仕立て《もみじだいとあきやさいのいらかふう、よしのあんじたて》

鯛《たい》に旬なしといわれるほど、年間を通じて美味な鯛は、春（サクラダイ）と秋（モミジダイ）の年2回旬があります。晩春に産卵を終え、夏に体力を整え、翌年の産卵に備えて9月中旬から餌を取りはじめます。その身は脂を持ちながら引き締まります。また、中骨からのうまみは、だし汁となると濃厚な味を醸し出します。今回は、秋野菜とベーコン蒸しの味のハーモニーを旨吉野餡《あん》でまとめ、ゆず風味で締めました。

下ごしらえ

❶鮮度の良いタイの切り身（できれば片身1枚）を厚さ5㎜、皮

目を見せ、そぎ身とする。薄く塩をふり、約20分置き、霜降り（熱湯をさっとかける）にして冷水に取り、うろこなどを除いて洗い、水気を切っておく。
❷トウガンは皮を薄くむき、巻き用にするため、なるべく薄く広く切り、酢を数滴垂らして軽く色よくゆで、水気を切っておく。
❸ベーコンは熱湯にさらし、塩気を抜いて、水気を切っておく。

作り方

①カラーピーマンは直火で表面を黒く焦がす。黒く焦げた部分を除き、冷水できれいに洗って、幅7㎜に切りそろえる。
②エリンギ茸は、幅5㎜に切り、タイの長さよりやや長く切りそろえる。
③夏ミカンは、袋から果肉だけ取り出し、出来上がるタイミングを見て散らす（ビタミンやポリフェノールを活かすため）。
④小鍋に煮汁（C）を取り、①と②を加え、最初は中火で煮て、その後弱火でコトコト約7分煮た後、そのまま冷やして味を含ませる。
⑤コロコロ転がす要領でベーコンで④を包み込むように丸める。
⑥⑤にタイのそぎ身を包むように載せ、トウガンを張るように包み込み、ふた付きの蒸し皿に盛り込み、蒸し器で12～13分蒸し、旨吉野餡をかけ、再度加熱し、仕上がり直前に③の夏ミカンを散らす。

材料（4人分）

- ・タイの切り身……………… 280g
- ・トウガン……………… 長さ6㎝×径8
- ・エリンギ茸……………… 1パック
- ・ベーコン … 幅3㎝×長さ10㎝を4枚
- ・カラーピーマン……………… 1個
- ・夏ミカン……………… 1/2個
- ・塩……………… 適宜
- ・酢……………… 少々

■旨吉野餡

（A）
- ・だし汁……………… 250ml
- ・みりん …… 大さじ4と1/2
- ・薄口しょうゆ 大さじ2と2/3
- ・酒……………… 大さじ1
- ・ゆずの搾り汁 ……… 適宜

（B）
- ・片栗粉……………… 大さじ1
- ・水……………… 大さじ1

- ・カニ缶……………… 小1缶

■作り方

（A）を小鍋に取り混ぜ、温め、水で溶いた（B）を少しずつ加え、とろりとした餡にして、カニをほぐして加えておく。

■煮汁

（C）
- ・だし汁……………… 1カップ
- ・薄口しょうゆ……… 20ml
- ・みりん……………… 20ml
- ・酒……………… 10ml

■作り方

ボウルに一緒に入れてよく混ぜ合せておく。

魚介、牛乳餡を纏った《ぎょかい、ぎゅうにゅうあんをまとった》吹き寄せ盛り合せ《ふきよせもりあわせ》

吹き寄せは、秋旬菜が吹き寄せられたように素材を盛り込む料理です。シメジは、湿地を占領するように茸が生えるのでこの名がある。ギンナンは中国が原産で、実が杏子《あんず》の殻が銀白色に見えることから「銀杏」と名付けられたといわれます。そして今が旬の栗。今回は、魚介にこれら秋の味覚を盛り合わせました。

下ごしらえ

❶エビは殻をむき、背ワタを除く。切り餅は電子レンジで温めて軟らかくしておく。
❷マイカの表側に1㎜くらい余裕を残して斜めにクロスするよう切り目を入れ、松笠のように仕上げる。
❸シメジ、ブロッコリーは食べやすい大きさに人数分切りそろえる。
❹ニンジンは厚み2㎜くらいにスライスし、好みの形に切り、冷水に放ち、反りが入るくらいさらし、水気を切る。
❺栗は渋皮まで取り除き、3㎜くらいの薄切りにして水に放ち、アク抜きしたあと水気をふいておく。
❻タカの爪は極細の糸切り状態に切っておく。

❼衣用卵白は小麦粉を水（大さじ2）でよく溶き混ぜておく。

作り方

①❶と❸に塩を振り、かたくり粉（分量外）をまぶしてよく手もみをし、水洗いして水気をふき、再度加減しながら、塩、酒を振りかけてなじませる。
②❶の切り餅の表目に、薄口しょうゆをはけでさっと塗り、エビを芯にしてコロコロと巻き、1・5㎝幅に切ったのりを帯状に巻いて巻き止め、170℃に熱した油で切り餅がモチっとなるように揚げる。
③ギンナンは小鍋で乾煎りして殻を取り除き、塩を少し加えてゆがき、木しゃくしで回しながら薄皮を除き、おかあげにしておく。
④❷のマイカは直火にあて、曲がらないように押さえて塩を振り、火を通し、酒を少し入れた卵黄をはけで塗って焼き上げ、仕上げにみりんを塗り、切り分ける。
⑤170℃に熱した植物油でのり、ソーメン（稲穂状）を❼の衣をつけて揚げる。
⑥シメジ、ギンナン、ブロッコリー、ニンジン、栗は素揚げにして火を通し、温めた牛乳餡の中にフツフツと煮立たせて、具材を器に美しく盛り付ける。
⑦牛乳餡は味を調整しながらドロリとした粘り気にして具材にかけ、松笠様のイカ、のり、ソーメンを飾り、最後にタカの爪を天盛りにする。

材料（4人分）

- 切り餅 ……………… 8個
  （厚さ4mm×幅40cm×長さ80cm）
- エビ ……………… 8尾
- むきマイカ ……………… 1尾
- 卵黄 ……………… 1個
- シメジ ……………… 1パック
- ギンナン ……………… 12個
- ブロッコリー ……………… 1株
- ニンジン ……………… 1/4本
- 栗 ……………… 2個
- 味付けのり ……………… 4枚
  （幅2.5cm×長さ5cm、2枚は帯用）
- 卵白 ……………… 1個
- 小麦粉 ……………… 大さじ2
- ソーメン ……………… 10本
- かたくり粉 ……………… 適量
- 薄口しょうゆ ……………… 適量
- みりん ……………… 適量
- 酒 ……………… 適量
- 塩 ……………… 適量
- タカの爪 ……………… 適量

■牛乳餡（あん）
- 牛乳 ……………… 2カップ
- （A）
  - 粉チーズ ……………… 大さじ1
  - みりん ……………… 大さじ2
  - 塩 ……………… 大さじ1
- かたくり粉 ……………… 大さじ2

■作り方
小鍋で牛乳を温め、Aを加えて味を好みに仕上げ、水（大さじ2）で溶いたかたくり粉を加え、とろみをつけ、もう一度温めておく。

牛肉治部煮風《ぎゅうにくじぶにふう》 通年仕立て《つうねんじたて》

11月から2月にかけて脂が乗る鴨《かも》を使った冬の料理「治部《じぶ》」は石川県金沢市の代表的郷土料理です。名の由来は、豊臣秀吉の兵糧奉行・岡部治部右衛門が朝鮮から伝えたなど諸説。本来は雄鴨に小麦粉をまぶし、根菜類や茸《たけ》、芹《せり》、麩《ふ》などを取り合わせた濃い目の煮物ですが、今回は鴨を牛肉で代用。何をどう取り合わせても自在な点が料理の面白いところです。

下ごしらえ

❶サトイモは皮を六角に切り、塩を少し入れ、水からゆがき、一度ゆでこぼして水を入れ替え、竹串が通るくらいにゆで上が

ったらおかあげにしておく。

❷コンニャクは手でちぎって塩もみして洗い、サッとゆがいておく。

❸ゴボウは大きめの笹がきにし、酢を加えた水にさらし、アク止めをしておく。

作り方

①粟麩は素揚げにした後、熱湯をかけて油抜きをする。

②長ネギは斜め小口切りで一口大に切る。

③マイタケは食べやすい大きさに切る。

④ニンジンは好みの形に切り、水にさらし、水気を切っておく。

⑤牛肉は一口大にしてコショウ少々を振り、酒大さじ1、濃口しょうゆ大さじ3分の2を振りかけ、5分くらいしてそば粉をたっぷりつける。

⑥鍋に治部煮汁を取って煮立て、⑤の牛肉を入れ、ニンジン、ゴボウ、コンニャク、サトイモ、長ネギ、マイタケ、粟麩を火の通り具合を判断して、ほぼ同時に煮上がるように入れる。

⑦そば粉のとろ味が全体にほどよく行き渡るころに味見して器に盛り、おろしワサビを天盛りにして出来上がり。

材料（4人分）

・牛肉切り身	280g
・サトイモ	8個
・コンニャク	1丁
・ゴボウ	40g
・粟麩（あわぶ）	2枚
・長ネギ	1/2本
・マイタケ	1/2パック
・ニンジン	1/3本
・そば粉	1/2カップ
・おろしワサビ	大さじ4
・塩	適宜
・コショウ	適宜
・酒大	大さじ1
・薄口しょうゆ	大さじ2/3
・揚げ油	適量

■治部煮の煮汁

（A）
・煮切り酒	250ml
・だし汁	250ml
・薄口しょうゆ	60ml
・みりん	50ml
・砂糖	大さじ1強

〈作り方〉ボウルに、アルコール分を飛ばした煮切り酒などAを全て混ぜておく。

長月宴《ながつきうたげ》、蟹《かに》・銀杏入り《ぎんなんいり》 八方露地がけ卵豆腐《はっぽうつゆじがけたまごどうふ》

9月は、古来より長月（別名・菊月）といわれ、秋の「夜が長い月」という意味を表しています。9月以外の月も伝統的な行事など四季折々のものにちなんだ名称が付けられ、献立にも数々が使われています。日本人の美意識が食文化にも反映されている例といえるでしょう。手軽に購入できる卵豆腐ですが、手造りすれば旬の食材などお好みの食材でバリエーションを楽しめます。

下ごしらえ

❶ギンナンの殻をむき、ひとつまみの塩とともに熱湯の中に入れ、おたまの底で転がすようにゆでる。ゆで終わったら、薄皮をむいておく。

❷卵地（A）のすべての材料をボウルに入れて混ぜたら布巾でこし、味をみて好みの味に調整する。
❸シイタケは洗って軸を切り、傘をそぎ切りにする。軸も火通りがよい形に切っておく。
❹そうめんは片方の端を糸やひもなどで縛ってからゆで、水切りしておく。
❺三つ葉はさっと湯がいて、茎をみじん切りにしておく。※写真はみじん切りではありません。

作り方

①カニの足は軟骨を取り除いたら粗くほぐし、ぬらした流し缶にきれいに並べる。
②シイタケは下地用煮汁（C）に入れ、煮立ったら弱火にして5～6分ほど煮る。その後、ゆでたそうめんを入れ下味を付け、そのまま冷ます。
③鍋にかけつゆ地（B）の材料を入れて煮立たせる。濃いめの味が好きな方は煮る時間を調整する。
④①の流し缶に②のシイタケも並べたら、卵地（A）を流し入れ、その中にギンナンを8個入れる。その時、盛り付け用にシイタケ1枚分とギンナン4個を残しておく。流し缶に箸を渡して布巾を掛け、ふたをしたら、強火で3～4分、中火よりやや弱火にして12～13分蒸して卵豆腐をつくる。冷めたら好きな形に包丁で切る。
⑤器の下にそうめんを形よく敷いて、残しておいたシイタケとギンナンを卵豆腐とともに盛り付け、上からかけつゆ地（B）を掛け、三つ葉を添えて、わさびを乗せ、木の芽を散らして出来上がり。

材料（4人分）

- ・カニの足 …………………… 4本
- ・そうめん …………………… 1束
- ・ギンナン ……………………12個
- ・生シイタケ…………………… 4枚
- ・三つ葉 …………………… 4本
- ・ワサビ …………………… 適量
- ・木の芽 ……………………4～5枚

■卵地(A)

- ・卵 …………………… 4個
- ・だし汁 ……………………1カップ
- ・酒 ……………………大さじ2
- ・薄口しょう油 ………… 小さじ1/2
- ・みりん ………… 小さじ1/2
- ・塩 ………… 小さじ1/2

■かけつゆ地(B)

- ・だし汁 ………… 1カップ
- ・薄口しょう油 …………大さじ3
- ・酒 …………大さじ2
- ・みりん …………大さじ1

■下地用煮汁(C)

- ・だし汁 ………… 1～2カップ
- ・薄口しょう油 …………大さじ2
- ・みりん …………大さじ2

蟹唐揚と玉葱丸十蔓《かにからあげとたまねぎまるじゅうつる》 吹寄せ籠キウイ餡《ふきよせかごきういあん》

多彩な食材、味付けも千差万別の日本の食。旬のカニはいかつい顔に似合わず絶品の味で、旬の野菜も地中の栄養分を隅々まで蓄え、甘さ十分です。それに肉や卵が加われば、隙のないおいしさに。

下ごしらえ

❶栗は渋皮を削り、5%の砂糖水に入れ、中火でゆで、ざるに上げる。その後、表面にうすい焦げ目がつくまで素焼きする。

❷ギンナンの殻をむき、ひとつまみの塩とともに熱湯の中に入れ、おたまの底で転がすようにゆでる。ゆで終わったら、薄皮をむいておく。

❸サツマイモのつるは食べられる柔らかさにゆで、冷水にさらし、薄皮をむいておく。

❹玉ネギは横に半分に切り、そのうちの一つで1㎝幅のリング

をつくる。

❺（A）～（E）を用意しておく。

作り方

①玉ネギのリングに塩を少々ふったら、炭酸を加えた片栗粉をはけでぬる。サツマイモのつるをリングに巻き付けたら（B）をつけて、揚げる。（C）にも（B）をつけ、揚げる。

②カニの足は（D）で洗い、余分な水気を取ったら、薄く片栗粉をふり、中温（160～170℃）で揚げる。殻も食べられるようにしっかり揚げる。

③サツマイモ、レンコン、ニンジンを洗い、2㎜の厚さにスライスして、10分程度冷水にさらす。冷水から上げたら、ふきんで押さえるように水気を取る。その後、中温で素揚げし、キッチンペーパーの上に置いて、余分な油を切る。

④青ジソを素揚げし、熱いうちに（E）をからめて味を付ける。

⑤ソフトシェルクラブを半分に切り（D）で洗い、余分な水気を取ったら片栗粉をまぶし、中温で揚げる。

⑥皿の中央に揚げたタマネギを置き、その上にソフトシェルクラブ、カニの足の唐揚げを盛り付けたら、周りにその他の揚げ物などを盛り、皿の周りにキウイあんを流し入れたら完成。

材料（4人分）

・大玉ネギ ………… 2個
・カニの足 ………… 4本
・ソフトシェルクラブ ………… 2匹
・サツマイモ（直径3㎝） ………… 1個
・サツマイモのつる（15㎝程度） 12本
・レンコン ………… 1節
・栗 ………… 4個
・ニンジン ………… 30g
・ギンナン ………… 8個
・シイタケ ………… 4枚
・青ジソ ………… 4枚
・卵 ………… 1個
・キウイ ………… 2個
・炭酸 ………… 少々
・片栗粉 ………… 適量

(A)キウイあん
すりおろしたキウイ（2個）、だし汁（2カップ）、酒（大さじ6）、みりん（大さじ2）、塩（小さじ1）を鍋に入れて加熱し、水溶き片栗粉（大さじ2）を入れとろみをつける。

(B)薄衣
冷水（1カップ）に小麦粉（1カップ）をふるい、卵（1個）を入れて混ぜる。

(C)シイタケ煮
シイタケを素焼きし、だし汁（1カップ）、濃口しょうゆ（20ml）、みりん（20ml）、砂糖（大さじ1/2）を入れ、煮汁が半分くらいになるまで煮る。

(D)酒塩
酒（大さじ3）を加熱してアルコールを飛ばし、塩（小さじ1/3）を入れる。

(E)抹茶うまみ塩
塩（大さじ1）と抹茶（小さじ2）を混ぜながら加熱し、うまみ調味料（小さじ1）を加え、こし器でこしておく。

白味噌風味・立冬旬食採グラチネ《しろみそふうみ・りっとうしゅんしょくさいぐらちね》

〝とうふ〟は中国で発明され「豆腐」という文字が使われていました。日本に伝来したとき、これを音読みし〝とうふ〟となりました。「腐」は「くさる」という意味ではなく、中国では液状のものが寄り集まり個体になるという意味だそう。また豆腐のことを「おかべ」と呼ぶのは真っ白いその姿を「お壁」と表現したのではないでしょうか。献立では「豆富」と記すこともあり、さまざまな呼称がある食材です。

下ごしらえ

(A) すり鉢に白みそと卵黄を入れ、めん棒で練り合わせ、練り白ごまを加え、滑らかになるまでする。

（B）小鍋にすべての材料を入れ、一度煮立てたら冷ましておく。

■リンゴは皮を付けたまま横に1・3～1・5㎝厚さに切り、種を取り、竹串で果肉に穴をあけておく。ボールに冷水と塩、酢を入れ、リンゴを浸しアク止めしたら、水気を取り、表面に片栗粉を軽く付け、表面が淡くきつね色になるまで170℃の油で揚げる。

作り方

①シメジは石づきを切り取り、3～4本を一束として分け、カボチャは小さめの一口大に切りそろえておく。

②サトイモは皮をむき、水洗いして鍋で竹串が通るくらいの固さになるまでゆでる。車エビは背ワタを取り除いておく。

③（B）に、①と②を入れ、一度煮立てたら中火で煮て、頃合いをみて火を止めて、しばらくおいて味を定着させる。

④小鍋に小麦粉を入れ、焦げないように炒めたら、サラダ油を少しずつ加え、その後温めた牛乳と昆布だしを少しずつ入れ、ダマにならないように溶かし、とろみをつけてソースを作る。

⑤木綿豆腐をふきんで包み、重石を乗せ、最初の重さの半分くらいになるまで水気を切り、裏ごしする。

⑥④のソースに裏ごしした豆腐を入れ火にかけ、（A）を加えて味を調整し、和風ホワイトソースを作る。

⑦耐熱皿の底に⑥を少量入れ、揚げたリンゴをのせ、さらに⑥を少量かけ、その上に③を配置したら、さらに⑥をかける。

⑧200℃のオーブンで17～18分、表面にきつね色の焦げ目が付くくらい焼いたら、ユズの千切りを散らして出来上がり。

材料（4人分）

- 木綿豆腐 …… 1/2丁
- 小麦粉 …… 50g
- 植物油 …… 50ml
- 牛乳 …… 200ml
- 昆布だし汁 …… 300ml
- リンゴ …… 2個
- シメジ …… 16本
- カボチャ …… 40g
- 里芋 …… 4個
- 車エビ …… 4尾
- ユズ …… 適量
- 塩 …… 少々
- 酢 …… 少々
- 片栗粉 …… 少量

■玉みそ(A)
- 白みそ …… 大さじ4
- 卵黄 …… 1個
- 練り白ごま …… 大さじ2

■煮含め薄味八方地(B)
- だし汁 …… 2カップ
- みりん …… 50ml
- 薄口しょう油 …… 50ml
- 酒 …… 25ml

いせえびのぐそくにと　やさいにあわせ

伊勢エビの具足煮と野菜煮合せ

伊勢エビはエビの仲間では一番大きく、鎧《よろい》をまとった勇壮な武士を思わせる姿をしています。具足煮とは伊勢エビを鎧、兜《かぶと》などの武具に見立てた調理法で祝い事やパーティーで主役を演じる縁起物として有名です。旬は秋から春にかけてですが、冬の波が荒れる時期が一番身が引き締まって歯ごたえがありおいしいです。名前の由来は伊勢地方でよく捕れたためだそう。

下ごしらえ

❶伊勢エビは氷水に30分間つけるか、生きたまま2時間冷凍するかいずれかの方法で締める。見栄えを考え、足やひげは折

らないでおく。
❷頭と胴の境目に出刃包丁の切っ先を入れ、尾先に向けて押し下げるように縦半分に切る。次に刃を逆に向け、頭頂部に向け縦半分に切る。そのあと、背ワタと砂袋を取り除く。
❸エビ全体に酒を振りかけ、15分ほど置く。

作り方

①春ナスはへたを切った後、揚げた時の破裂を防ぐために先端から竹串を通しておく。
②①を165℃くらいの油で素揚げし、泡が小さくなったら氷水に入れ、すぐに皮をむき水気を切っておく。
③カブは花の形に切り、ニンジンはマッチ棒状に5㎝長さに切りそろえる。
④(A)の一部(1カップ程)を鍋に取り、カブを10分ほど煮た後、ニンジンとナス、好みの量の酒と砂糖と塩を加え、5分ほど煮る。煮えたら野菜を取り出す。
⑤④の煮汁に残りの(A)を加え一度煮立てたら伊勢エビを入れ、強火で再び煮立てる。その後とろ火にして3分ほどたったら、④の野菜を加えてさらに煮る。伊勢エビの身が白くなったら煮上げする。火が入りすぎると身が硬くなるので、注意。
⑥伊勢エビと野菜を皿に盛り付け、千切りしたユズを添えれば出来上がり。

材料(4人分)

- 伊勢エビ …… 2尾
- 春ナス …… 1本
- カブ …… 2個
- ニンジン …… 1/2本
- ユズ …… 1個
- 塩 …… 適量
- 酒 …… 適量
- 砂糖 …… 適量
- 揚げ油 …… 適量

■具足煮汁(A)

- だし汁 …… 3カップ
- 薄口しょう油 …… 80ml
- みりん …… 大さじ2.5
- 塩 …… 小さじ1弱

※一度煮立てておく。

ぎょかいとちくたんおこげ　やさいかじつぞえ　かくしがまえじたて

魚介と竹炭おこげ 野菜果実添え かくしがまえ仕立て

「匿」の漢字で使われる部首「匚」は、〝はこがまえ〟ではなく〝かくしがまえ〟と言います。はこにさまざまな品を隠し、ふたで覆い隠すことから、聖所を表しているのだそう。そのいわれを盛り付けに応用しています。

下ごしらえ

❶マグロはサクに切ったものを用意して、１㎝弱の厚さに切り、（C）に5～6分漬けておく。その後、汁気を切り、キッチンペーパーに包んで冷蔵庫に半日入れておく。

❷イカは身と足を分け、塩でもんだ後、水でぬめりを洗い流す。軽く湯通ししたら、足は（C）に10分漬け、フライパンで焼き、表面に焼き色を付ける。身の部分は薄皮をむき、巻きの

りを重ね1㎝幅に切った後、瓦状になるように巻く。

❸（A）のニンジンは5㎜角に切り、餃子皮以外と一緒に煮立て、おかゆ状に仕上げる。バットにラップを敷き、その上に餃子の皮を広げ、（A）を流し入れ、常温で冷まし固める。その後、角形に4等分し、高温の油できつね色になるまで揚げる。

❹（B）を全て混ぜ、2枚焼き、1枚を6等分する。

作り方

①レンコンは皮をむき、少量の酢を入れた酢水に完全に浸してアク止めをし、輪切りにした後、斜めに切り、10㎝程度の長さの矢型をつくる。リンゴは皮を残したまま8～7㎜厚さにスライスし、水に浸してアク止めをする。

②酢、水、砂糖、塩とともに①のレンコンを入れ、煮立たせる。その後、弱火にして、歯ごたえがある程度になるまで煮る。

③レタスは50℃程度の温水で色、香り、弾力が残る程度にゆがく。（B）にカニかまぼこを置き、1㎝高さに巻いておく。

④皿の上に③を「L」状に盛り付け、おこげを「L」内に入れる。マグロとイカをおこげに乗せる。

⑤マグロ、イカの上に白髪ネギ、糸のりをこんもり盛り付け、「L」内の余ったスペースにイカの足を盛り付ける。「L」の空いているところに、リンゴを弓、レンコンを矢に見立てて盛り付ける。レタスも好みで盛り付け、マヨネーズ、ドレッシングをかければ出来上がり。

材料（4人分）

- マグロ …… 300g
- イカ …… 1杯
- 巻きのり …… 2枚
- レタス …… 1個
- カニかまぼこ …… 1パック
- レンコン …… 1本
- リンゴ …… 1/2個
- 酢 …… 100ml
- 水 …… 100ml
- 砂糖 …… 大さじ3
- 塩 …… 小さじ1/2
- 糸のり …… 適量
- 植物油 …… 適量
- マヨネーズ …… 適量
- 好みのドレッシング …… 適量
- 白髪ネギ …… 5㎝（1本）

【竹炭おこげ】(A)
- 炊いたご飯 …… 2/3カップ
- 水 …… 1カップ
- グリーンピース …… 大さじ2
- スイートコーン …… 大さじ2
- ニンジン …… 40g
- 竹炭 …… 大さじ1
- 塩 …… 小さじ1/3
- 角型餃子皮 …… 4枚

【薄焼き玉子】(B)
- 卵 …… 2個
- 砂糖 …… 小さじ2
- 塩 …… 小さじ2/5
- うまみ調味料 …… 少々

【漬け汁】(C)
- しょう油 …… 適量
- 酒 …… 適量

※しょう油3に酒2の割合に

なすとかに・きのこ・はかたふうらまみあんびたし

茄子と蟹・茸・博多風甘味餡びたし

秋ナスは、昼と夜の寒暖差から、身が締まり、やわらかくてみずみずしいナスに成長するそう。紫色のアントシアニンは活性酸素の働きを抑え、生活習慣病予防や眼性疲労の回復などに役立つとされています。

下ごしらえ

❶丹波栗は軽くゆでて一度冷凍する。その後、半解凍してから皮と渋皮をむき、1㎜の厚さにスライスして、小麦粉を振っておく。
❷ナスは上下を切り落とし、洗って水にさらし、あくを取る。
❸すり鉢に白身魚、塩、コショウ、酒、卵白を入れ、粘りが出るまですり混ぜる。最後にマヨネーズを加えて、味を調整する。

❹ナスは上部1㎝ほどを切り取ったら、残りの部分を横に6~8㎜厚で切る。その後打ち粉をしたら、❸を片面に塗り付ける。

作り方

①鍋に（A）のかたくり粉以外の材料を入れて煮立て、そこに5㎜角に切りそろえたニンジンを入れて火を通す。

②枝豆はサヤ入りのままボールに入れ、粗塩を振りかけて十分もむ。沸騰した湯に入れてゆでたら、ざるに上げ、サヤと薄皮を取り除き①に入れ、水溶き片栗粉で、とろみをつける。

③下ごしらえでナスに塗ったすり身の上に、カニ缶詰の身を置く。その上にシメジをバランスよく置いたら、打ち粉をして、さらにすり身を塗ったナスを置いてサンドする。その上にすり身を付けた栗を乗せる。

④③に（B）を付け、165℃の油で4~5分揚げる。

⑤深めの器に④を盛り、②を全体にかける。あんは熱いと④の衣がボロボロになるため、人肌程度に冷ましてからかける。上に針唐辛子を乗せれば出来上がり。

材料（4人分）

- ・ナス（小ぶりのもの）……… 8個
- ・白身魚のすり身……… 100g
- ・カニ缶詰 ……… 1個
- ・枝豆（実のみ）……… 1/2カップ
- ・ニンジン ……… 20g
- ・シメジ ……… 1/4パック
- ・丹波栗 ……… 4個
- ・針唐辛子 ……… ひとつまみ
- ・卵白 ……… 1個分
- ・塩 ……… 適量
- ・コショウ……… 適量
- ・酒 ……… 大さじ1/2
- ・マヨネーズ……… 大さじ2
- ・揚げ油 ……… 適量
- ・小麦粉 ……… 適量
- ・粗塩 ……… 適量

【甘味あんだし】(A)
- ・だし汁 ……… 2カップ
- ・酒 ……… 大さじ6
- ・みりん ……… 大さじ2
- ・塩 ……… 小さじ1
- ・片栗粉 ……… 大さじ2

【天ぷらの薄衣】(B)
- ・薄力粉 ……… 1カップ
- ・冷水 ……… 1.3カップ
- ・卵黄 ……… 1個分
- ・酒 ……… 大さじ1
- ・炭酸 ……… 小さじ1
- ・塩 ……… 少々

※冷水に卵黄を溶いて混ぜ、粉、酒、炭酸の順に入れてざっくり混ぜておく。

しらこのチーズふうみ・なごりしゅんさいやき

白子のチーズ風味・名残り旬菜焼き

「実りの秋」といわれるほど、秋は食材の種類が豊富で、それに伴う調理法も多彩。必要以上に手を掛けるのではなく、シンプルに調理し季節感を演出することがおいしくいただくコツでもあります。

下ごしらえ

❶白子の表面の汚れをきれいに洗ったら一口大に切り、片栗粉をまぶして熱湯でゆでる。その後、冷水にさらして、ざるで水気を切ったらミキサーに白子、粉チーズ、生クリーム、マヨネーズを加え弱い回転でとろりとするまでミックスする。
❷オクラは軽く塩をふったら手もみして、熱湯で軽くゆで取り上げておく。同じ湯にエビを入れ軽くゆで、取り上げておく。エビはお好みで殻を取り除いておいてもよい。
❸エリンギは形が分かるよう、縦に切っておく。

【そば焼き座布団】（A）
①そば粉と中力粉を合わせてふるう。
②①をボールに入れ、ミネラルウォーター40㎖を少しずつ加えて、混ぜる。
③表面がもちっとしてきたら、丸くまとめる。
④打ち粉をしながらめん棒で伸ばし、直径9㎝ほどの円をつくる。植物油を敷いたフライパンで両面を焼き、卵黄とみりんを混ぜたものをはけで塗りながら再度焼く。

作り方

①ギンナンを小鍋に入れ、乾いりしたら殻を割り中身を取り出す。再び鍋に戻し、実がかぶるくらいの水を入れたら塩を少し加え、しゃもじで回しながら加熱し、薄皮を取り除く。
②オクラ、エビ、ギンナン、エリンギをボールに入れたら、酒、薄口しょう油を加えて混ぜ、下味を付ける。そうめんを素揚げし、ギンナンに刺し通しておく。
③鉄製のオーブン用皿にアルミホイルを敷き、表面に植物油を薄く塗ったら、②の食材を並べて180℃に熱したオーブンで5割ほど焼く。一度取り出し、下ごしらえ❶を②の上にきれいに乗せて再びオーブンで焼き、火を通す。
④盛り付け用の器に（A）を敷き、その上に③を乗せたら、粗く割った赤粒コショウを散らし出来上がり。

材料（4人分）

・魚の白子（サケを推奨）	250g
・生クリーム	1/2カップ
・粉チーズ	大さじ2
・マヨネーズ	大さじ1
・エビ	4尾
・オクラ（小）	4本
・ギンナン	8個
・エリンギ	1パック
・そうめん	8～12本
・片栗粉	少量
・塩	適量
・酒	大さじ2
・薄口しょう油	大さじ2
・赤粒コショウ	12粒
・植物油	適量

【そば焼き座布団】（A）

・そば粉	100g
・中力粉	25g
・ミネラルウォーター	60ml
・打ち粉	適量
・植物油	適量
・卵黄	1個
・みりん	少量

※卵黄とみりんを混ぜておく。

冬

七草粥風コーン味噌《ななくさがゆふうこーんみそ》グラタン仕立て《ぐらたんじたて》

正月も過ぎ、家事や仕事が日常のペースに戻ったころにいただく、七草粥をヒントに7種の野菜を用いた献立です。冬場のビタミン不足を補うとともに、ごちそうをたくさんいただいて疲れた胃にも優しい、ポタージュ風のグラタンなので子どもたちの口にも合いますよ。冬の野菜は繊維が硬めなので、小さめに刻んで、温製料理で楽しむのがおすすめ。

下ごしらえ

コーンみそ（A）を作る。缶詰からスイートコーン大さじ4を取ったのち、残りの全てをミキサーし、粥（かゆ）状の下地を作る。鍋に白みそ、砂糖、薄口しょう油を入れ、弱火で焦げないように練る。卵黄を入れ、つやが出てきたらコーンと生クリームを加えて仕上げる。

作り方

①カボチャを上から2㎝の所で水平に切り、種を取り除く。カボチャの底も5㎜程度スライスする。カボチャの底の上に輪切りのカボチャを乗せ、黄色い部分に薄口しょう油と酒を合わせたタレをはけで塗り、電子レンジ700Wで15分加熱する。8分程度火が通ったらカボチャの底と輪切りのカボチャを合わせて盛り器を作る。

②プチトマト、シメジ、ブロッコリーは一口大に切り、スイートコーンとともに蒸し器に入れ、約20分間蒸す。

③厚揚げは2㎝角にカットして、小麦粉を薄くまぶし、175℃の油で揚げる。外はパリッと、中は軟らかく揚げるのがコツ。

④②と③をボールに入れ、マヨネーズを薄くからめ、下味を付けておく。

⑤①のカボチャの底に1／3程度の（A）を浅く敷き、もう1／3は④に和えて盛り器に盛り付け、残り1／3で具材の隙間を埋める。輪切りのカボチャにバターをのせた後、全体に溶けるチーズをのせ、粉チーズを散らし、180℃のオーブンで12～13分、薄い焼き色がつくまで焼く。

⑥焼きあがったらケシの実とイクラを散らして、サニーレタスと戻しわかめを添えたら出来上がり。

材料（4人分）

・三角厚揚げ……………………2個
・カボチャ(直径10㎝以下)……2個
・プチトマト……………………8個
・シメジ…………………1パック
・ブロッコリー…………………1株
・イクラ…………………大さじ4
・戻しわかめ……………………10g
・ケシの実………………小さじ1
・バター…………………………30g
・サニーレタス…………………4枚
・酒………………………大さじ1
・薄口しょう油…………大さじ1
・マヨネーズ……………大さじ2
・粉チーズ………………大さじ1
・溶けるチーズ…………………2枚
・小麦粉………………………適量

■コーンみそ(A)
・スイートコーン(缶詰)………1個
・白みそ………………………150g
・砂糖……………………大さじ3
・薄口しょう油…………小さじ2
・卵黄……………………………1個
・生クリーム……………大さじ3

飛竜頭、エビ、茶ソバの炊き合わせ《ひりゅうず、えび、ちゃそばのたきあわせ》

冬と言えば、12月～2月を指しますが、陰暦では立冬から立春までの10月～12月です。立冬になると初時雨もやって来ます。食材を雨・露に見立て、一段としっとり趣を与えるという意味で、時雨饅《まん》頭《じゅう》、蛤《はまぐり》の時雨煮、時雨みそ、時雨御飯などの料理や菓子によく使われています。日本人の心情とぴったり合うのでしょうね。

作り方

①豆腐は、ふきんに包み重石をして30分ほど水切りをする（水切りをしすぎないように注意）。

②当たり鉢（すりばち）を用意し、大和芋を鉢面に合わせてすりおろし、めん棒でさらに粘りが出るまですり混ぜ、水切り

豆腐を加えてよく混ぜる。

③鍋にAの煮汁を取り、下処理した干シイタケとギンナンを加えて煮含め、そのまま冷やして味をつけ、水気を切る。

④②に③とユリ根を加え、かたくり粉を加えて、硬さを見ながら、溶き卵を加える。

⑤一度味を見て、塩少々で調整する。人数分（1人2個くらい）に丸めて、ギンナンを入れる。

⑥約160℃に熱した油で上げる。このとき、浮き上がるのを待ち、浮いたら返し、全体に色付いたら油から上げる。

⑦Bの煮汁を煮立て、エビ、茶ソバを入れ、味を煮含ませ、引き揚げる。

⑧⑥を入れて煮含ませ、一度冷まして、再度煮立て、エビ、茶ソバを加え、天盛りに盛り付ける。

⑨針しょうがをあしらい、汁を器の横から流し入れる。

■雁擬《がんもどき》（飛竜頭《ひりゅうず》）……関西では雁擬のことを飛竜頭と呼び、文字通り雁の肉に味、色を似せて作ったからという説もあります。また、精進料理では、字のごとく竜頭が飛んでいる形から粉が油の中ではね、竜の角のようになることから、そう呼ばれます。※油で揚げた飛竜頭は、煮ては冷ますを繰り返し、ゆっくりだしを煮含めましょう。

■炊き（焚き）合わせ……主材料を含め2種類以上の材料を、持ち味を生かした方法で煮上げて炊き合わせます。香りのあるものを天盛りにします。

材料（4人分）

・木綿豆腐 ……………………… 2丁
・大和芋　30～40g（皮をむいたもの）
・キクラゲ……… 4枚（水に戻し細切り）
・ニンジン ……………… 小2分の1本
（細切りにして水にさらす）
・ゴボウ ………………… 3分の1本
（皮をこそげ、笹がきにして水にさらし、水を替え、酢を加えてアク止めをする）
・干シイタケ……………………… 2枚
（水に戻し薄切りにする、戻し汁はだし汁に使用）
・ギンナン … 8個（殻、皮取りゆでる）
・ユリ根 ………… 4片（はがしたもの）
・エビ ………… 8尾（ゆでて皮をむく）
・茶ソバ（乾麺）　1把（8分ほどゆでる）
・卵 ………………………… 小1個
・かたくり粉………………………… 大2
・針しょうが ……………………… 適量
（針のように千切りにして水にさらす）
・揚げ油 ………………………… 適量

A）煮汁
だし汁 …………………… 1.5カップ
酒……………………………… 大2
みりん ……………………… 小さじ2
しょう油 …………………… 少々
塩……………………………… 少々

B）煮汁
だし汁 ……………………… 3カップ
酒…………………………… 大さじ2
みりん ……………………… 100ml
淡口しょう油 ……………… 100ml

豆腐の精進ステーキ《とうふのしょうじんすてーき》 フレッシュきのこソース《ふれっしゅきのこそーす》

体にやさしい大豆製品。中でも出来たての豆腐のおいしさは絶品です。さっぱりとした味で、胃腸の負担も少なく理想的な栄養食品です。お年寄りから子どもまで親しまれるぴったりの食材です。

作り方

①木綿豆腐は熱湯を通し、４等分に切りペーパータオルの上に並べて水気を切っておく。
②エノキダケとシメジは根元を切り落とし、半分に切っておく
③生シイタケは４㎜の厚さに切っておく。
④小鍋にAを入れて加熱しておく。
⑤①に薄く小麦粉を付ける。フライパンを熱してサラダ油大さじ2を入れ、豆腐の両面をキツネ色に焼いて取り出しておく。
⑥再びフライパンを熱してサラダ油大さじ2を入れて、②と③

を手早く炒め、④の調味料を加えてひと煮立ちさせる。火を止めてからBのバター、すりゴマ、ゴマ油大さじ1、唐辛子を加える。

⑦皿に⑤の豆腐を盛り、上から⑥のソースをかけ、スタイスしたレモンと三つ葉をあしらう。

豆腐とキノコは、相性もよく、味も香りも文句なし。自慢のタレも全体に良くなじんで味わい深く、すりゴマのコクもプラスして豆腐にピッタリです。あしらいの野菜とレモンがさらにさわやかさと風味を添えます。

材料（4人分）

- 木綿豆腐……2丁
- エノキダケ……1パック
- シメジ……1パック
- 生シイタケ……4枚
- キクラゲ……大1枚
- 三つ葉……1束

あしらい

- レモン……1個
- 三つ葉……適量

A）調味料

- だし汁……80cc
- 粉末だし……小さじ2分の1
- しょう油……大さじ3
- みりん……大さじ2
- 酒……大さじ2
- 砂糖……大さじ1
- ショウガ汁……大さじ1
- 黒酢……大さじ2
- ニンニクみじん切り……1片

B）調味料

- バター……10g
- すりゴマ……大さじ4
- サラダ油……大さじ4
- ゴマ油……大さじ1
- 唐辛子……1本
- 小麦粉……大さじ1

真ダイの赤飯蒸し《まだいのせきはんむし》

家族団らんの〝ことほぎ〟を年頭にしたおめでたい席に欠かせない赤飯と、早春が旬の白身魚を使い、車エビを龍に見立てた天盛りの蒸し物料理を紹介します。素材の持ち味、形、栄養価を損ねず、しんまで火を通します。塩、酒で生臭みを和らげ、香味野菜などで風味を加えます。素材は新鮮なものを使いましょう。

作り方

①赤飯は、もち米400g、小豆80g（もち米の1～2割くらい）を、赤飯の準備（上記）通りに作る。

②白身魚（真ダイ）の切り身に軽く塩を振り、1時間くらいおく。水気が出てきたらふき取り、全体に酒を振りかけておく。

③むき小エビは3等分に切り、手鍋にごま油を入れて炒める。塩、ゴマ、旨味調味料で味を調え、かけつゆに加え、煮立て、あくを取り、とろみのついた汁あんを作る。
④車エビは塩をして、殻を除いて、酢を少々振っておく。
⑤レンコンは皮をむぎ、おろし金ですりおろす。卵白を硬く泡立て、一緒にする。
⑥菜の花は食べやすい大きさに切りそろえ、ノリはハサミで極細の針状に切っておく。
⑦②は蒸し器で2、3分蒸しておき、赤飯を重ねて蒸す。
⑧赤飯の上に⑤を乗せ、④を天盛にして⑥をあしらい、色彩が映えるよう盛り合わせ、碗の周囲に汁あんを流し入れる
⑨ダイダイは天地を切り取り、4等分のくし型にして付け合せる。
⑩食べる直前に針ノリをあしらう。
※碗は、大きさ、量を考えて浅め、深めを使い分けましょう。魚介類は下味を付けて使うのが基本です。

■赤飯の準備……小豆は洗って、水から硬めにゆで、ざるに空け、そのゆで汁にもち米を一昼夜浸します。蒸し器に巻きすを敷き、もち米、小豆を混ぜて強火で蒸します。15分たったらゆで汁をかけ、それを2~3度繰り返します。火の通り、軟らかさをみて約40分で仕上げます。※ゆで汁をかけるときに、好みで砂糖、塩、酒を加えても良い。
◎焼き物や煮物代わりの逸品として献立に加えられる、変化に富んだ調理です。

■材料（4人分）

・赤飯	2カップ
・真ダイ	4切れ
・むき小エビ	40g
・ダイダイ	1個
・車エビ	4尾
・レンコン小	一節
・菜の花	1把
・針ノリ	少々
・卵白	2個

かけつゆ

・だし汁	2カップ
・淡口しょうゆ	大さじ5
・みりん	大さじ5
・水溶き葛粉	大さじ5

調味料
・塩
・酒
・旨味調味料
・ゴマ
・ごま油
・酢
（以上）少々

カニと踊り寄せ《かにとおどりよせ》 西条焼き《さいじょうやき》

春にかけて出回るカニは、冬場が旬——。瀬戸内海ではガザミ（ワタリガニ、ヒシガニ）の名前で呼ばれ、甲羅は青味を帯び、横長の菱形で幅25㎝に達し、遊泳脚を使って素早く泳ぎます。市場には、「活け」で入荷。身は少なく廃棄率は9割ですが、美味。甲羅ごと炊く場合は生臭みを消すために酒を振ります。酢の物、蒸し物、焼き物、炒め物、煮物、みそ汁、すし、揚げ物など用途は大変に幅広く、私たちの食卓を楽しませてくれます。

作り方

①カニは、ゴムひもで縛り、お酒を振りかけてしばらく置き、海

水（3％の塩）程度のお湯でゆで上げ、冷めたら甲羅をはぎ、ガニ（灰白色をした肺臓）を取り除き、身をほぐし、足は切れ目を入れて身を取り出し、全体をほぐす。
②柿は、ヘタの部分をふたに、果肉を釜に見立て、果肉をくり抜いた釜とふたを（ア）に浸し、水気をふき取っておく。くり抜いた柿の果肉は5㎜角に切りそろえる。
③レンコンは、半分をおろし金でおろしておく。残り半分はスライスして、水にさらした後、水気をふき、二度揚げ（最初は160℃でゆっくり、2回目は180℃でカリッと揚げる）して薄く振り塩をしておく。ギンナンは、殻を取り、身をゆで、皮をはがして水気を切る。マツタケは、きれいにスライスし、素焼きにしてレモン汁をかける。青ネギは針状に切りそろえる。プチトマトは、5㎜の角切りに。戻したワカメは食べやすい大きさに切っておく。
④大きめのボールを用意し、柿の角切り、ギンナン、プチトマト、カニ身を入れてさっくり混ぜ、（イ）を加え、さらに混ぜる。レンコンのおろしを加え、一度味を見て、好みで塩、砂糖で加減する。最後にワカメとマツタケを加えてさっくり混ぜる。
⑤②の柿釜に④の食材を7分目くらい入れて、残しておいた卵の素を上から流し入れ、オーブンで約15分焼く。出来上がる直前に素揚げレンコンを飾ってさらに焼き上げれば完成。
⑥⑤を器に取り出し、いただく前に青ネギの針状切りを上に盛る。

材料（4人分）

- ワタリガニ …… 1杯
- 西条柿 …… 4個
- レンコン …… 200g
- ギンナン …… 8個
- マツタケ …… 1本
- 青ネギ …… 長さ5㎝を1本
- プチトマト …… 4個
- 戻しワカメ …… 10g
- レモン汁 …… 小さじ2分の1

■調味料
- 酒
- 塩
- 砂糖
- サラダ油

（酒・塩・砂糖・サラダ油）各少々

■柿のアク止め（ア）
ボールに水1ℓと調味料（砂糖50g、塩小さじ2、酢大さじ3）を入れて勢いよくかき混ぜ、その中に、ヘタの部分と果肉を2対8の割合で切り分けた柿を5分程度浸す。

■卵の素（イ）
乾いたボールに卵黄1個、レモン汁小さじ1、塩小さじ2分の1を入れ、サラダ油（180mℓを用意）を垂らしながら泡だて器で休みなくかき混ぜ、マヨネーズ状に仕上げる。分離しないようサラダ油は徐々に増量する。※市販のマヨネーズでも代用可。

さわらのにしょくみそやき　あげどうふぞえ

鰆の二色味噌焼 揚げ豆腐添え

新しい年を迎え、それぞれの家庭では、健康、長寿、出世、五穀豊穣などを願って、おせち料理でお祝いされたことと思います。そして無病息災を願う七草粥《がゆ》、「成人の日」には、鰆《サワラ》、ブリ、ボラなど出世魚を使った料理を囲み、公認のお酒で乾杯する若き大人が見られました。〝食彩〟に富んだ「睦月《むつき》」です。今回は、産地から豊漁が伝えられるサワラを使った焼き物を紹介します。ブリでも代用できますのでお試しください。

作り方

①手付き鍋に、だし汁200㎖、淡口しょう油、みりん、酒各

25㎖を入れて煮立てた浸し地を用意。
②黄ピーマンは、網に乗せて全体が黒く焦げる程度に焼き、水を張ったボウルの中で表面の黒くなった部分を取り、4人分に切り分ける。温かいうちに、熱い浸し地に入れて味を付ける。
③木綿豆腐は、ふきんに包んでまな板に乗せ、重しをかけて水気を抜く。4人分をサイコロ状に切り、かたくり粉をまぶし、170度の油で全体がきつね色になるまで揚げ、熱い浸し地に入れて味を付ける。
④シメジは、一口大の株に切り、かたくり粉をまぶして170度の油で全体がきつね色になるまで揚げ、熱い浸し地に入れて味を付ける。
⑤厚めのサワラを用意し、皮目から3分の2程度の切り込みを入れ、薄塩を当て、30分程たったらキッチンペーパーに挟んで水気をふき取る。
⑥大葉は、縦向きに2等分して8枚用意し、それぞれに田楽みそ、玉みそを包む。
⑦サワラの切り口には小麦粉を軽くはたき込み、大葉で包んだみそ玉を挟み込む。切り口が開かないよう金串を2本通し、身を波状に曲げて形を整える。直火の遠火またはグリルで裏表をきれいに焼き上げ、仕上げにハケでみりんを塗り、つやを出す。
⑧器に温かいサワラを中心に盛り、味付けした黄ピーマン、豆腐、シメジをあしらえば出来上がり。

■材料（4人分）

・サワラの切り身……… 8枚（1枚40g）
・黄ピーマン……………… 1個
・木綿豆腐……………2分の1丁
・大葉（青シソ）………… 4枚（大）
・シメジ……………… 2分の1パック
・塩
・揚げ油
・かたくり粉
・小麦粉
・みりん
（以上 各適量）

■田楽みそ
・白ごま……………………大さじ3
※手付き鍋に白ごまを取り、無色になるまでいため、すり鉢で半ずりにする。
・赤みそ……………………大さじ4
（ア）
・砂糖………………大さじ2
・酒…………………大さじ1
・みりん……………大さじ1
・ユズ皮おろし汁　大さじ1.5
※手付き鍋に（ア）を入れ、焦がさないよう弱火で約15分練り、半ずりの白ごまを加えてさらに練り、ユズ皮おろし汁を混ぜ、サッと火を通す。

■玉みそ
（イ）
・白みそ……………大さじ4
・砂糖……………大さじ1.5
・酒…………………大さじ1
・みりん……　大さじ3分の2
・卵黄……………………… 1個
※手付き鍋に（イ）を入れ、焦がさないよう弱火で15分くらい練り、火から下ろして荒熱を取り、卵黄を加えて手早く練り、サッと火を通す。

カレイの煮付け《かれいのにつけ》 ゴボウ添え《ごぼうぞえ》

カレイの煮付けを紹介します。ご存じの通り、カレイは幼魚の時は頭部両側に目があり、成魚になると平たくなり、目は頭部の右に寄り、右目側を上にして海底の砂泥上に生息しています。身肉にコラーゲン、エラスチンなどの高タンパク質を多く含むため、煮て冷えると「煮こごり」（ゼリー状の煮汁）となります。

作り方

①カレイは、エラ、ウロコ、ヌメリ、腸（はらわた）を取り除き、腹に斜めに2、3本の飾り包丁を入れる。背を表に盛り付けるときは、背にも同様の飾り包丁を入れる。まな板に新聞紙を広げ、ウロコが飛び散らないよう注意を。

②ゴボウは皮をこそげて酢水に浸した後、長さ8㎝に切りそろえたものを4本、それぞれ縦に4つ割にし、さらに酢水に入れておく。
③（ア）の煮汁は平たい鍋で煮立て、②のゴボウを底に敷いて、その上にカレイを並べる。鍋がかさばるようならゴボウの半量を敷き、カレイを乗せ、カレイの上にもゴボウを敷いて2匹重ねにする。落とし蓋を乗せ、20分程度煮立てる。落とし蓋の代わりにアルミ箔を代用してもよい。
④途中、味見をして薄いようならしょう油を少量加えて好みの味付けに。
⑤仕上げ前に筋を取ったキヌサヤを煮付ける。
⑥器に盛り、針ショウガを天盛りにして出来上がり。

■材料（4人分）

・メイタガレイ……………………… 4匹
　（1匹180〜200g）
・キヌサヤ …………………… 8さや
・ゴボウ ……………………… 大1本
・針ショウガ…………50g
　（針状に細く切り、水に浸す）
（ア）
- 酒………………… 100mℓ
- みりん …………… 200mℓ
- しょう油 ……………大さじ5
- だし汁 …………… 200mℓ

■一口メモ

ゴボウがカレイの身崩れを防ぐとともに、くさみを消し、またカレイがゴボウのおいしさを引き立ててくれる。ゴボウには、ポリフェノール（苦味、渋味物質を含む）の抗酸化作用をはじめ、カリウム、銅、カルシウム、亜鉛を含み、血糖値降下作用などもあるとされている。魚に飾り包丁を入れるひと手間を加えるだけで見た目に美しく、火の通りもよくなり、食べやすくなる。

地産にぎやかづくし、湯のみのぞき盛《ちさんにぎやかづくし、ゆのみのぞきもり》

野菜の主な栄養素であるビタミンやミネラル、食物繊維は調理で失われやすいため加熱用や生食用に使い分け、歯ごたえや新鮮味を残し、たんぱく質や脂肪、糖質を上手に組み合わせましょう。今回は「地産にぎやかづくし、湯のみのぞき盛り」です。タマネギは血清中のコレステロールに作用して血液をサラサラに、低エネルギーで多繊維質のシイタケは生活習慣病予防、動物性食品のベーコン、タコ、ウズラはスタミナアップに役立ちます。

下ごしらえ

❶野菜類は流水で洗い、適宜切っておく。

❷パイナップルは皮を除き、一口大に切りそろえておく。
❸ベーコンは厚さ5㎜に切り、ゆがいて塩分を抜き、水分をふき取り、酒を少々振りかけておく。
❹ウズラ卵は塩、酢を少々加えて固めにゆがき、殻をむいておく。
❺タコの足は皮付きのまま一口大の塊に切り、湯通しをして水気を切り、酢・酒を少々振りかけておく。

作り方

①ニンジン、シイタケ、ピーマン、タマネギは、好みの形で一口大に切りそろえ、160℃の油で素揚げ（水気を切って衣をつけない状態）にしておく。
②ごま油大さじ1をいため鍋で熱し、みじん切りにしたショウガ大さじ1を炒める。香りが出てきたら、豆板醤を加えてパイナップルをいため、別の器に取り出しておく。
③②の中に①を混ぜながら加えて全体にからめ、調味料（A）を加えて煮汁が半量になるまで煮立てる。一度味見して、好みの味になったら水溶きくず（水大さじ4、くず粉またはかたくり粉大さじ1）を、渦を巻くように回しかけてとろ味をつけ、バターピーナツを加える。
④大きい湯飲み茶碗を熱し、内側の面を囲むようにニューヨークレタスを敷いて③を盛り入れ、上からいり白ごまを散らす。食べる寸前に白ネギ、赤唐辛子の糸切りを天盛りにする。
※小さい湯飲み茶碗しかない場合、茶碗の数を増やして盛りつける。冷めにくく、のぞき見るような新鮮味が楽める。

材料（4人分）

- ・パイナップル……120g
- ・ベーコン（塊）……200g
- ・酒……少々
- ・ウズラ卵……8個
- ・ゆでダコの足……1本
- ・ニンジン……50g
- ・シイタケ（中）……4枚
- ・ピーマン（赤・青）……40g
- ・タマネギ（中）……4分の1個
- ・揚げ油……適量
- ・ごま油……大さじ1
- ・豆板醤……小さじ2分の1
- ・バターピーナツ……大さじ3
- ・レタス……4枚
- ・いり白ごま……小さじ1
- ・塩……適量
- ・酢……適量

■調味料（A）
- ・出し汁……2カップ
- ・黒酢……大さじ4
- ・砂糖……大さじ3
- ・濃口しょうゆ……大さじ1強
- ・中みそ……大さじ2
- ・ウスターソース……小さじ2
- ・酒……大さじ1

■香野菜
- ・ショウガのみじん切り
- ・白ネギ（長さ5㎝）の糸切り
- ・赤唐辛子（1本）の糸切り

雪待月豆乳ブリすき鍋

ゆきまちづきとうにゅうぶりすきなべ

厳寒期にたっぷり餌を食べ一年中でもっとも美味なブリをいただく料理として「ブリすき鍋」はいかがでしょうか。熱汁にうま味や脂肪が溶け、旬の野菜や豆腐、しらたきなどの組み合わせで醸し出される味覚は絶品です。ブリの身がパサつかないよう酒粕や豆乳のとろ味をまとわらせ、アラも一緒に使います。好みで薬味や割り下をアレンジし、焼もちで締めくくります。

下ごしらえ

❶ブリは、２㎝×３㎝程度の切り身にして、白い霜降り（浅くゆがく）にして冷水に放ち、ぬめりや汚れを取り除く。頭部

や骨も同様にゆがき、ザルにあげ、調味料（酒、濃口しょう油各大さじ2）をかけておく。
❷長大根は厚さ2～3㎜の桂むきにして塩水に浸し、しんなりしたら引き上げる。ニンジンはマッチ棒状の細切りにそろえ、桂むきの大根を幅3㎝に切る。ブリ、ニンジンとも芯にして桂むき大根で2～3重に巻き昆布ヒモで結ぶ。
❸白ネギは、食べやすく斜め小口切りに切りそろえておく。白菜の茎の部分は、一口大に切り、葉の部分はザク切りにしておく。
❹しらたきコンニャクは、塩を少々加えてさっとゆがき、ザルにあげておく。

作り方

①鉄鍋か土鍋を用意し、塩小さじ1弱をだし汁に入れる。酒粕を別の器に取り、だし汁を少しづつ加えて溶かし、一緒にして煮立て、アクをすくい取る。
②①に豆乳を加え、加熱して絹ごし豆腐を人数分切りそろえ、壊さないように鍋わきに沿って静かに滑らせて入れ、中火くらいで煮る。
③②の中に下ごしらえした❷❹❸（野菜は大きい物から）を入れる。絹ごし豆腐はコトコト動き出したら食べごろ。
④銘々皿に割り下（ポン酢しょう油…大さじ6、小口切りにした万能ネギ…1本、白炒りごま…大さじ2、七味唐辛子…適量）を取り、鍋の汁を好みの量加えていただく。焦がさないよう火加減に注意。
⑤角切りもちはころ合いを見て、きつね色に焼き、焼き餅の上に乗せる香味料（生姜ミジン切り…大さじ2、梅肉…大さじ1、さんしょうの粉…小さじ1）を上品に乗せ、好みで汁をかけたり、割り下で整えながらいただく。汁も最後までいただく。

材料（4人分）

・ブリ切り身（アラ）	600g
・長大根	長さ7㎝×幅7㎝
・昆布ヒモ	16本
・塩水	適量
・ニンジン（5㎝長）	50g
・白ネギ	2本
・白菜	1/4株
・しらたきコンニャク	1袋
・水菜	1束
・酒粕	70g
・だし汁	2カップ
・豆乳	1カップ
・絹ごし豆腐	1丁
・角切りもち	8個
・塩	少々

飯蛸《いいだこ》、赤米入《あかごめい》り晴《は》れの蒸《む》し寿司《ずし》

まだ寒さの残るこの時期、蒸し寿司はいかがでしょうか。地元産の赤米《あかごめ》を使い紅白に染め分けして、晴れの料理にも応用できます。飯蛸《イイダコ》は、子を宿している冬が旬で、春に産卵します。小貝柱を含めた小型魚介類は良い味を持ち、野菜とともに含め煮にすることで、すし飯と味がなじみます。すし飯にはコクと風味のある純米酢を使い、また蒸すことでおいしさが一段と引き立ちます。

下ごしらえ

❶白米、赤米は別々にといで、ザルにあげ、20分くらいして鍋底に昆布を等しく敷き、別々に硬めに炊く。水加減は米重量の1・5倍、容量の1・2倍が標準。水分の多い新米なら重量の1・4倍、容量の1・1倍が目安。昆布は取り出しておく。

❷八方だし汁は、だし汁10、しょうゆ1、みりん1が目安、2割方煮詰めた場合も同じ。すし酢は、蒸すので酢の香りが飛びやすいため多めの純米酢を使い、砂糖、塩も加熱すると味が弱まるので、熱い状態のタイミングに合わせて濃いめにする。

作り方

①すし酢は、手鍋で加熱しておき、3分の1量と3分の2量に分けて飯房に別々に白米と赤米の炊きたてを空け、赤米に3分の1、白米に3分の2の量を回しがけして、木しゃもじで切るように混ぜ、ぬれ布きんをかける。
②イイダコは、15〜20㎝のもので、イイ（子）が詰まったものを用意。スミや内臓、目玉を取り、荒塩をかけて手もみしてぬめりを取り、しっかり洗う。
③ニンジンは、厚さ2㎜にスライスして型で花ビラ状に抜き、生シイタケは石づきを取って厚さ4㎜に切り、菜の花は一口大に切りそろえ、さっとゆがき、軽く塩をふり、酢をかけて色止めをする。
④ボウルに2％ほどの塩水を用意し、汚れを取った小貝柱を軽くもみ洗いしてザルにあげ、水を切る。
⑤鍋に八方だし汁を煮立て、小貝柱、イイダコを入れて煮立て、ニンジン、生シイタケを入れ、弱火で7〜8分煮て火を止め、鍋のまま煮含める。途中やや冷えたころ、菜の花を加え、味を含ませる。
⑥薄焼卵を3枚ほど作り、冷まして長さ7〜8㎝に切りそろえ錦糸卵にする。
⑦焼アナゴは、一口大に切り、赤カブの漬物は5㎜角に切りそろえておく。
⑧飯房に用意した白米・赤米を器に入れ、⑤の具材を半分混ぜ、中央3分の1に赤米、両側に白米を盛り分け、錦糸卵をちらし、残りの具材を盛る。隅に赤カブの漬物を装う。加熱した蒸器に入れ、タイミングよくいただく。

材料（4人分）

- ・白米 ……………… 2合（360ml）
- ・赤米 ……………… 1合（180ml）
- ・イイダコ ……………… 4尾
- ・ニンジン ……………… 小1本
- ・生シイタケ ……………… 4枚
- ・菜の花 ……………… 1パック
- ・小貝柱 ……………… 1カップ
  ※干乾物は水に戻して使う
- ・卵 ……………… 3個
- ・焼アナゴ（小） ……………… 2本
- ・赤カブの漬物 ……………… 40g
- ・木の芽 ……………… 4枚

■八方だし汁
- ・だし汁 ……………… 400ml
- ・薄口しょうゆ ……………… 40ml
- ・みりん ……………… 30ml
- ・酒 ……………… 10ml

■すし酢
- ・純米酢 ……………… 70ml
- ・砂糖 ……………… 50ml
- ・塩 ……………… 15ml
- ・昆布2枚　①5×5㎝　1枚（赤米用）
  ②7×7㎝　1枚（白米用）

■調味料
- ・酢 ……………… 適量
- ・塩 ……………… 適量

豊年鯛と土の幸《ほうねんだいとつちのさち》、稲穂盛り《いなほもり》

昔から朝廷の貢ぎ物、宗教儀式の供え物として欠かせない「鯛《タイ》」。「アカメ」という名で日本書紀に登場し、奈良時代には「タヒ」の名があります。タヒラ（平ら）な形状から命名され、これが名前の由来ともいわれています。今回は、豊年を賞《め》でて海の代表として登場。エビでタイを釣る

ことわざにちなみエビを加え、サトイモ、シメジ、クリ、ギンナン、稲穂、金時ニンジン、もち米、ダイコンという多彩な顔ぶれで、お祭り料理風にしてみました。

下ごしらえ

❶もち米は一晩、水に漬けておく。
❷クリ、ギンナンは、鬼殻や渋皮、薄皮を取り除き、七分ゆがきにしておく。
❸車エビは、竹串を打ってさっとゆで、半生のまま冷まし、竹串を抜いて殻を除き、長さ3㎝に切りそろえておく。
❹サトイモは、直径3㎝のイモを使用。皮をむき、洗って水気を切っておく。
❺ダイコンは皮をむき、表面に細かい格子状の切りこみを入れる鹿の子状に切り、下は1㎝残して切り離れないようにしておく。金時ニンジンはマッチ棒大に切りそろえ、それぞれに軽く塩をした後、水分を絞っておく。
❻稲穂は、200℃の油温で揚げ、花を咲かす。

作り方

①タイの切り身に軽く塩をして20分ほど置き、クッキングペーパーで水気をふき取り、8分目の素焼き（調味料を

使わない）にしてユズの絞り汁をかける。
②ざるにふきんを敷き①のもち米を平たく敷き、蒸気の上がっている蒸し器（あれば蒸しかごを使用）で約10分蒸す。
③【A】の中に②を漬け込み、よく混ぜて、ゆでグリ、ゆでギンナン、切りそろえた車エビを加え、【A】の煮汁を手で半量ほど振りかけ、さらに10～15分蒸す。
④ころ合いを見て【C】のシメジを③の上に盛り、残りの蒸し汁を同じ要領で振りかけ、10～15分ほど蒸し、蒸し合計は40分とする。
⑤もち米にツヤが出て弾力があり、手でもんで楽に潰せるようになっていれば蒸しあがり。蒸し不足の場合は、手水を打って加熱する。
⑥サトイモはキッチンペーパーで水気を拭き取り、植物油を160℃に熱し、サトイモを油の中で5～6分ゆでる。竹串がスッと通るくらいになったら一度おかあげして、油温175℃で表面がカリッとするまで二度揚げし、そのままサトイモ掛けだしの中にジュッと音がするように漬けて味を染み込ませる。いただく時は小さく刻んだ削り節を振りかける。
⑦ダイコン、金時ニンジンは【B】に漬けて味をつける。ダイコンは人数分に切り分け、金時ニンジンは中央で結ぶ。
⑧最後に、タイ、もち米、サトイモなどをオーブンで温め直す。器に移し、稲穂を背景にタイ、もち米、サトイモなどを盛り、紅白（金時ニンジン・ダイコン）を飾り、晴れやかに仕上げる。

材料（4人分）

- ・タイ切り身……………4枚（1枚70g）
- ・もち米　……………………2カップ
- ・クリ……………………………　8個
- ・ギンナン　……………………　8個
- ・車エビ　………………………　4尾
- ・サトイモ……………………　小8個
- ・シメジ　……………………　100g
- ・ダイコン………　直径6cm×高さ4cm
- ・削り節　…………………………1g
- ・金時ニンジン　………………　40g
- ・植物油　………………………　適宜
- ・ユズの搾り汁　……………大さじ1
- ・塩　……………………………　適宜
- ・稲穂　……………………　15～20本

【A】もち米蒸し汁

煮切り酒（アルコール分を抜いた酒、1カップ）、淡口しょうゆ（20ml）、塩（小さじ3分の2）をボウルに取り、よく混ぜ合わせておく。

【B】紅白甘酢漬地

酢（大さじ3）、だし汁（大さじ4）、砂糖（大さじすりきり3）、タカの爪（1本）は細輪切りに。

【C】サトイモの掛けだし（上からかけるだし）

酒（100ml）、みりん（50ml）、だし（150ml）、濃口しょうゆ（70ml）、一味唐辛子（少々）、シメジを煮立て、そのまま冷まし、味を含ませる。

蟹ちり鍋、ごまだれポン酢添え《かにちりなべ、ごまだれぽんずぞえ》

鍋物がおいしい季節。食材を変えてゆけば飽きることは無く、旬のカニを中心に相性のよいものを組み合わせ、手製のポン酢やごまだれを添えます。カニの裏側にある三角形の殻（通称・前掛け、ハカマ）と甲羅を外し、ガニ（エラの部分）を取り除いて4等分にし、肉厚のカニは削ぎ切り、白殻に削り込みの包丁を入れて身離れをよくしておきます。

作り方

①4～5人用の土鍋を用意し、生昆布を敷き、水を5分目まで入れ加熱。食材は一度に入れないで、食べた分だけを加える。

②カニは最初に最少人数分だけ入れ、アクを取りながら、煮立ってきたら中火にしてコトコト躍るくらいに煮る。
③白菜は4㎝巾のザク切りにして切り口を上に見せ、火の通りを良くする。
④シメジは根を取り除き、手で2、3本の株にちぎり分け、1カ所にまとめておく。
⑤白ネギは長さ4㎝に切りそろえ、縦半分に切り、口に入れたとき熱い中身がのどを直撃しないよう配慮する。
⑥菊菜は一口大に切りそろえます。黄ニラと同様、すぐに火が通るので最後の方で入れる。
⑦鍋に入れる順番は、煮えにくいものや大きいものから入れていき、食材の1～2カ所から小さな泡が出てコトコト煮立つように火加減を調節。銘々皿に取り分け、煮詰まらないよう時々水またはだし汁を加える。豆腐はそのまま入れてスプーンで取り分けるか、人数分に切り分ける。
⑧ポン酢、ごまだれを好みで混ぜ合わせ、熱いうちにいただく。

■一口メモ　カニは「活物」といわれ、火が入るとちりちり縮むことから〝ちり鍋〟と呼ばれます。手で持ってズシリと重みのある雌ガニ（前掛けの大きいもの）を選びましょう。逆に前掛けの小さいのが雄で、夏から秋の料理に使います。ちり鍋は、だしで味をつけないで煮て、つけ汁やタレ、割り下、薬味でいただきます。鍋の材質は、陶土、鉄、銅などで保温力の高いものを使います。また、石、紙、貝殻などの材質を使っても趣があります。

材料（4人分）

- ・ワタリガニ（1杯300g以上）… 雌2杯
- ・豆腐 …… 2丁
- ・生昆布（鍋より大きいもの）…… 1枚
- ・白菜 ……4分の1株
- ・白ネギ …… 2本
- ・シメジ ……1パック
- ・黄ニラ …… 1把
- ・菊菜 ……1パック
- ・丸小餅 …… 8個

■ごまだれの作り方

すり針に、すりごま（大さじ2.5）を入れて半ずりにし、濃口しょうゆ（大さじ2.5）、みりん（大さじ2）、だし汁（130ml）、リンゴおろし（大さじ2）を加える。食べるときは、ごまだれもポン酢にも鍋煮汁を加えて味を調節する。

■手製ポン酢の作り方

濃口しょうゆ（210ml）、酢（140ml）、オレンジまたはミカンのしぼり汁（70ml）を、3：2：1の比率でボウルに取り、だし昆布（15㎝角1枚）、削り節（5g）を入れ、2時間ほど寝かせる。オレンジ、ミカンがないときは、スダチ、カボス、レモンのしぼり汁などで代用し、みりんを加える。

きさらぎがいさんしゅと　やきやさいのくみあわせ

如月貝三種と焼き野菜の組み合わせ

如月《きさらぎ》は2月の異称で草木の更生することをいい、めでたさの意も含みます。旬の赤貝は、ぷっくりしていて、弾力のある歯応えと特有の香りが好まれます。トリ貝は鶏肉に似たおいしさからこの名が付けられたといわれます。貝類と野菜が調和して混然一体となるのが理想で、相性の良い新鮮な材料の選択、臭味やアクを取る下ごしらえが大切です。

下ごしらえ

❶赤貝の水洗い…小出羽包丁の峰をちょうつがい（貝をつなぎ止めている部分）に当ててひねって殻をずらし、すき間を開

ける。❷テーブルナイフを差し込み、身を傷つけないように殻のすき間に沿ってまわし、殻についている貝柱をはずし、身を取り出す。❸まな板に取り出し、貝のヒモと身の間に包丁を入れて切り離し、ヒモに付いている薄い膜とエラを取り除く。❹身とヒモに軽く塩をふりかけ、手でもんで水洗いする。❺身はワタの付いていた方から包丁をねかせて切り開く。❻トリ貝は、海水程の塩水に5％程の酢を入れ、かき混ぜ、トリ貝を入れて洗い、布巾に包み熱湯をさっとかけ、霜降りして冷水に取り、水気をふき取っておくこと。

作り方

①貝柱はトリ貝も同様の下ごしらえをするが、霜降りの部分はさっと熱湯でゆがき、一気に冷まして水分をふき取り、厚さ5㎜の円状に切る。

②赤貝、貝のヒモ、トリ貝、貝柱はキッチンペーパーに敷いたバットごと冷蔵（30分程度）する。

③長イモは、皮をむき、厚さ4㎜、縦4㎝×横3㎝幅の長方形に切り、塩、砂糖を1：5の割合で軽くふりかける。

④ドンゴシイタケは、軸を取り、一度洗って水気をきる。

⑤③④は直火にあて、薄い焦色をつけ、ハケでみりんを塗り仕上げる。

⑥ダイコンは厚さ3㎜のイチョウ切りにして、塩をあて、しんなりしたら、手で絞り、甘酢に浸し、ころ合いを見て甘酢を切る。

⑦春菊は固めにゆがいて、一口大に切りそろえる。ユズは、薄く皮の部分を包丁で糸切りにする。

⑧皿に彩り良く貝を盛り、野菜類を添え、梅黄味酢をかけ、糸がつお、ユズ皮を天盛りにして出来上がり。

材料（4人分）

- 赤貝(中) …… 4個
- トリ貝 …… 4枚
- 貝柱(中) …… 4個
- 長イモ …… 150g
- ドンゴ(肉厚)シイタケ …… 4枚
- 春菊 …… 1把
- ダイコン …… 直径5㎝×長さ6㎝
- 糸がつお …… 5g
- ユズ …… 1個

■甘酢の作り方

ボウルに酢(100ml)、だし汁(100ml)、砂糖(40g)、塩(少々)を入れて泡立器でよく混ぜ、ゆず絞汁(大さじ1)を加える。

■梅黄味酢の作り方

小鍋に白みそ(1/2カップ)、卵黄(1個)、酒(小さじ2)、みりん(大さじ2)、薄口しょうゆ(小さじ2)を入れ、弱火でよく練り混ぜる。途中で湯煎にかけ、焦げつかないように加熱しておろし、冷ましてから、酢(大さじ4)、梅肉(大さじ1/2)、練り辛子(小さじ1)を入れて混ぜ、冷蔵する。

運としあわせを呼び込む《うんとしあわせをよびこむ》 鴨鍋《かもなべ》

各地から冬の便りが届けられ、「冬至」（12月22日）のころに、ニンジン、ナンキン、ダイコン、ギンナンなど「ん」が2つ付くものを食べると「運」を呼び、無病息災がかなう、「ん」が10も付けば出世する―といわれています。一家だんらんの時に「ん」の付く野菜、果物名を言い当てるのも楽しいでしょう。また、「鴨《カモ》がネギを背負って来る」とは、うまい取り合わせのこと。この季節らしく「ん」を入れた鍋を紹介します。

下ごしらえ

❶昆布は、固く絞ったふきんで表面をふき、水2ℓに対し昆布60gを入れて一晩水に浸し、翌日、とろ火で70℃まで温度を上げ、約15分煮出して、別の容器にこす。

❷鴨むね肉は、霜降りにして冷水に取り、厚さ3㎜のそぎ切り

にして、人数分整える。

❸鴨もも肉は、厚さ2㎜のそぎ切りにして、縦、横に包丁で粗いみじん切りにしてボールに取り、(イ)を加え、粘りが出るまでこねる。

作り方

①昆布だしを鍋で加熱し、沸騰寸前の小さな泡が泡立つくらいの火加減を保ち、鴨丸を左手に握り、親指と人差し指の間から絞り出すようにしてスプーンですくって、丸状にまとめ、昆布だしに泳がせ、浮き上って来たらころがしてさらに5分ほどゆがいてザルにおかあげとする。

②ネギは青、白とも斜めに食べやすい大きさに切って混ぜ合わせる。

③糸コンニャクは、袋から出して、少量の塩を振りかけ軽くもみ洗いして素早くゆがいておく。

④金時ニンジンは、表面をよく洗い皮付きのまま小口から厚さ3㎜のスライスの花形に整える。

⑤セリは、洗って適当な大きさにそろえる。

⑥厚揚げは、一度、湯通しをして一口大に切りそろえる。

⑦適当な大きさの鍋の中に、ネギの一部を敷き、鴨の霜降り、鴨丸を美しく盛り、上から煮汁を注いで加熱。煮えにくいものから順に入れる。

⑧煮立ったら味見をし、途中、昆布だしを加える。後で、好みのゆがき麺またはごはんを入れていただく。

材料(4人分)

・鴨のむね肉 …………………… 1枚
・鴨のもも肉 …………………… 3枚
・白ネギ ………………………… 3本
・青ネギ ………………… (小)1束
・糸コンニャク …………… 1袋200g
・金時ニンジン ………………… 1本
・セリ …………………………… 1束
・油揚げ ………………………… 2枚
・めん類(うどん、そば、またはごはん)
……………………………… 4人前
・塩 ……………………………… 適量
・その他しょうゆ、ポン酢で好みの味に。

■煮汁の作り方

酒、みりん(各50ml)を鍋に取り、加熱してアルコールを飛ばし、昆布だし(適量)のだし汁(450ml)を加えて濃口しょうゆを加えておく。

■鴨丸の材料

・鴨もも粗挽き肉(3枚分) …… (ア)

(イ)
・レンコンおろし ……大さじ2
・とき卵 ………… 1/4個
・塩 ………… 小さじ1/4
・みりん ………小さじ1
・薄口しょうゆ ………小さじ1
・昆布だし ………大さじ1.5
・くず粉 … 大さじ山盛り1/2
・粉サンショウ ………… 少量

〈作り方〉 鴨肉に(イ)を加え、粘りが出るくらいまでこねて直径約2㎝の丸状に仕立てる。

ねんりんぶり、こんぶやさいまきうまに

年輪鰤、昆布野菜巻旨煮

魚介類には「寒」を呼び名の頭に付けるものがあります。旬の鰤《ブリ》、鰆《サワラ》、鯉《コイ》、鮃《ヒラメ》、蜆《シジミ》など。野菜類は、寒暖の差の激しい冬期では、ダイコン、ニンジン、カブ、レンコンなど多彩にあり、魚介類に負けず大変おいしくなります。これら、海、地の幸を5種類以上組み合わせ、甘・鹹《かん》・酸・苦・旨味の「五味」、生・煮・焼・蒸・揚の「五法」とすれば、滋養豊富な健康増進食となります。寒鰤をダイコン、かんぴょうなどで巻き年輪に見立てた料理を紹介します。

下ごしらえ

❶直径6㎝、タテ5㎝の長ダイコンの皮をむき、厚さ2㎜の桂むきにして、米のとぎ汁（塩少々を加える）で、巻けるくらい軟らかくゆがき、おかあげにしておく。
❷ブリは強めの塩を当て、10分ほど置く。水分が出てきたらふき取り、まな板の上で布きんで包み、熱湯（差し水を加えたもの）を注ぎ、表面が白くなったら冷水に取り、表面の雑物を取り、水気を切り、長さ5㎝に切りそろえる。
❸レンコンは皮をむき、タテ4等分に切り、かぶるくらいの湯に塩少々とユズの搾り汁を加え、硬めにゆがいておく。
❹殻を取り除いたギンナンは、塩水に入れてしゃくしでかきまぜ、薄皮を取り除き、おかあげにしておく。

作り方

①煮昆布は水でもどし、長さ5㎝に切りそろえておく。
②白ネギは長さ5㎝に切りそろえておく。
③ユズは皮をむいて、細く松葉のように切り違えておく。
④ダイコンを広げ、一番端に、ブリ、レンコン、煮昆布、白ネギを形よく並べ、小口から巻いて最後にかんぴょうでぐるりと巻いて結ぶ。
⑤ニンジンは細く切って、ダイコンの中に巻き込む。
⑥鍋に、濃口しょうゆ以外の煮汁（A）を入れ、④を並べ、落としぶたをぬらしてかぶせて煮立て、汁をかけながら、汁が1／3量になったら濃口しょうゆを加えて煮立てる。味を確かめて好みの味に調え、ギンナンを散らす。
⑦深めの皿に⑥を盛り、③を天盛りにしていただく。

材料（4人分）

- ブリ切り身……250g
- ダイコン……1本
- レンコン……1節
- 煮昆布……150g
- 白ネギ……1本
- ユズ……1個
- ギンナン……8個
- かんぴょう……40㎝
- ニンジン……40g

■煮汁(A)

- 酒……1.5カップ
- 水……2カップと1/4
- みりん……120ml
- 砂糖……大さじ4.5
- 濃口しょうゆ……大さじ6

魚介ロール巻き野菜添え《ぎょかいろーるまきやさいぞえ》 みそネーズグラタン《みそねーずぐらたん》

2月は「如月《きさらぎ》」。語源をひもとくと、木更ぎ、衣更着とも書き、生更ぎとは「草木の再生すること」とあります。諸説あり面白いものですが、時節としては「おくり正月」にはご飯を高盛りにして神棚へ供え、「節分」には豆まき、鰯《イワシ》のにおいや豆類を用いて悪霊をはらって鬼退散を行い、そして「彼岸」へと続き、日本の食にかかわる風習として根付いています。今回は、それらにちなんだ豆類（揚げ、みそを含む）、イワシなどを使ったレシピです。

下ごしらえ

❶バターを塗った耐熱皿を人数分用意し、固ゆでにした茶ソバ

を乗せる。

❷角揚げ（長方形）はラップにはさみ、上からメン棒をコロコロ転がす（はがしやすくするため）。さっとゆがいて油抜きし、短い一辺を残して3辺に切り込みを入れ、1枚に広げ、（A）の一部を薄く塗り人数分に切り分ける。

❸シーフードミックスと茎ワカメは、さっと湯通しし、おかあげにして、レモン汁、塩、こしょうを振り、❷に乗せ、生干しイワシを割いて串刺状にまとめ、一緒に巻き込んでラップに包み巻スでしめて形を整える。

❹納豆を流水で洗い、粘り気を取り除く。

❺玉ネギは1枚ずつはがして2㎝角に切りそろえる。

❻即席クリームコーンはボウルに出し、豆乳を少しずつ加え、ダマにならないように混ぜ、鍋に取って（A）と一緒に加熱し、トロリとした状態に仕上げる。

❼オーブンは180℃くらいに温める。

❽春菊、赤ピーマンは食べやすくゆがいておく。

作り方

①玉ネギは植物油で透明になるくらいまで炒め、軽く塩、こしょうで下味を付けて（ア）の上に乗せ、周りに❹を散らす（鬼は外のイメージ）。上に角揚げ巻きを乗せる。

②①の上にトロリとしたみそネーズをかけ、粉チーズを振ってオーブンで焼き、8分通り焼けたら❽をきれいに飾り、少し残しておいたみそネーズをかけてさらに焼き上げれば出来上がり。

■メモ　「グラタン」とは加熱して表面にできる焼き色の皮膜のこと。焼き付ける技法を「グラチネ」と呼びます。

材料（4人分）

- 茶ソバ……2束
- 角揚げ……2枚
- シーフードミックス……1カップ
- 茎ワカメ（小）……4本
- レモン汁……1/2個
- 生干しイワシ……2尾
- 納豆（大粒）……1パック
- 玉ネギ（中）……1/2個
- 即席クリームコーン……2袋
- 豆乳……2カップ
- 春菊……1束
- 赤ピーマン（小）……1/2個
- 粉チーズ……大さじ山盛1
- バター……適量
- 塩……少々
- こしょう……少々
- 植物油……適量

■味噌ネーズ（A）の作り方　卵黄（1個）とマヨネーズ（大さじ4）をボールでかくはんし、白みそ（大さじ2）を加えてさらに混ぜておく。

ぶりとこんさいの　なべわりふうたきあわせ

鰤と根菜の鍋割り風焚き合せ

寒さも増し、旬の寒鰤《ぶり》をダイコン、ゴボウ、ニンジン、サトイモ、シイタケという旬の出合い物※で鍋割り（1つの鍋で煮上り具合を均一にする料理法）にします。火の中心に煮えにくいもの、その周りや上に煮えやすいものを載せ、色落ちしないものから加え、煮えたものから供します。

下ごしらえ

❶ダイコンは、半月切りにして皮をむぎ、米のとぎ汁でやや硬めにゆがき、おかあげにする。

❷サトイモは乾いたものを選んで皮をむき、ゴボウも乱切りにする。米のとぎ汁を使い水からゆでると芯まで熱が通り、身やせしにくい（湯からだと表面は柔かく芯は硬い状態になる

※注　出合い物：相性のよい材料の組合せのこと

ため）。アクは取り除く。

❸ブリの霜降り／たっぷりのお湯を沸騰させ、差し水をしてブリを入れ、表面が白くなったら冷水に取り、表面のウロコや汚れなどを指で取り除き、脂肪と生臭さを取る。

❹シイタケは好みで一口大に切り、ニンジンも乱切りにしておく。

作り方

①下ごしらえを済ませた食材を盛り皿に並べておく。

A／割り下と共に煮立て、途中で酢を加え、1人ずつ皿に盛っていただく。

B／だし汁と酒、ブリを鍋に入れ、好みの調味料を銘々皿に加え、煮えたものからいただく。すき焼きの要領。

※どちらにするかは、家風や人数によるが、Bの場合、残れば次の日に別の食材を加えて使える。盛り付けの手間や皿数を減らせ、忙しい主婦には手間いらず。

②ゆずの皮は苦い部分を除いて、皮を薄く千切りにして水にさらし、銘々皿に天盛りにしていただく。

材料（4人分）

・ブリ切り身またはアラ	400g
・冬ダイコン	1/2本
・西洋ニンジン	中1本
・サトイモ	8個
・ゴボウ	80g
・米のとぎ汁	適量
・ゆずの皮	1個分

■割り下（4人分）

・だし汁	3カップ
・酒	100ml
・砂糖	大さじ2
・塩	小さじ1/3
・濃口しょうゆ	大さじ1と2/3
・薄口しょうゆ	大さじ1と2/3
・酢	大さじ1と2/3（ア）

※割り下（合わせ調味料）として（ア）を除き、食材と一緒に煮る。1人分ずつ皿に盛ることができる。

ご当地産恵方巻き《ごとうちさんえほうまき》 唐辛子入り肉ずし《とうがらしいりにくずし》

千屋牛のルーツは竹の谷蔓牛《つるうし》の系統黒毛和牛。黄ニラは青ニラを栽培後、遮光材で覆い、一切の光を入れずに栽培、バラ寿司には定番として登場します。倉敷市連島産のゴボウは白く、アクが少なく柔らかで甘いのが特長。また、久米南町特産で、日差し棚田の里で育てられたユズの搾り汁と辛みの強い姫唐辛子を効かした合わせ酢を用い、今回は肉が主役の新食感を試みました。

下ごしらえ

❶牛肉は一口大に切り、塩を少し入れてゆがき生臭さを抜いておく。

❷ゴボウは表面を洗い、長さ3㎝のマッチ棒状に切る。生シイタケは洗って厚さ3㎜にスライスする。レンコンは皮をむき、厚さ3㎜、長さ3㎝に切りそろえておく。
❸小鍋に湯を沸かし、②を固めにゆがいた後、おかあげにして水気を切り、シイタケ以外を合せ酢に7分ほど浸し、ザルで水気を切っておく。
❹牛肉の煮汁（A）に❶と❸を入れて煮立て、アクを取りながら、味が付いた頃合いをみて一度ザルに上げ、汁だけ煮詰める。汁が泡立ったら❶を入れて照りを付ける。

作り方

①水菜は塩ひとつまみを入れ、さっとゆがき、冷水に放ち、シャキシャキ感を残して水気を切っておく。黄ニラは3等分の小分けにしてさっとゆがき、おかあげにしておく。
②紅しょうがは一度ゆがいてザルに上げ、酢を振りかけ、千切りにする。
③プチトマトは好みの形に切り、砂糖を少し振りかけておく。
④巻のりは表側のみを直火であぶり、香ばしさを出しておき、広げて全体にすし飯を伸ばし、手前に牛肉、黄ニラ、シイタケ、ゴボウ、レンコン、水菜、プチトマトを彩り良く配して渦巻き状に巻きあげる。包丁はぬらして幅1・5㎝に切り口を見せ、皿に盛り、紅しょうがをあしらう。

材料（4人分）

- ・牛肉（千屋牛）……………… 350g
- ・黄ニラ ……………………… 1束
- ・ゴボウ ……………………… 80g
- ・生シイタケ…………………… 50g
- ・レンコン…………………… 1/2節
- ・甘酢漬紅しょうが ………… 40g
- ・プチトマト ………………… 8個
- ・水菜 ……………………… 1/2束
- ・巻のり ……………………… 4枚
- ・すし用米 ………………… 3カップ
- ・昆布出し（昆布20g） ……… 800ml
- ・酢、塩、砂糖 ……………… 各少々

■牛肉の煮汁

（A）
- ・しょうゆ ………… 160ml
- ・みりん ………… 50ml
- ・砂糖 ……………… 70g
- ・酒 ……………… 50ml

- ・唐辛子 ……………………… 1/3

■合せ酢
- ・米酢 ……………………… 80ml
- ・ユズの搾り汁 …………… 20ml
- ・砂糖 ……………………… 70g
- ・塩 ………………………… 20g
- ・唐辛子 …………………… 2/3本

【メモ】全てを鍋で温め、よく混ぜ合わせる。子どもがいる場合、辛みを抑える。すし米は洗ってザルに上げ、昆布出しで炊いて飯房に空け、合わせ酢を振りかけ切るように木しゃくしで混ぜ、風を送りながら人肌の温かさに保つ。昆布だしは、お酒や水でも構わない。

あじのおろしだいこんうまに

鯵のおろし大根旨煮

鯵《アジ》は群れを作るので漁獲量も多く、日本を代表する魚。江戸期の学者・新井白石の著書の中に、「アジとは味也、其の味の美をいうなり」とあり、味の良さがそのまま魚名になったともいわれています。魚ブランドの大分県佐賀関町漁協の認定シール付き「関鯵」は高価で、生で食すると特に美味。ＥＰＡ（エイコサペンタエン酸）、ＤＨＡ（ドコサヘキサエン酸）を多く含み、生活習慣病予防にもなるとあって注目されています。その鯵を使った一品を紹介します。

下ごしらえ

❶アジは鮮度の良い物を求め、ウロコやゼイゴ（尾にあるトゲウロコ）を取り、頭部、はらわたを抜き、全体を水洗いして2㎝幅の筒切りにし、薄く塩を振りかける。水分が出たらクッキングペーパーで拭き取ると生臭みも取れる。

❷大根おろしと小口輪切りにしたタカノツメをボールに取り、3倍量の水を加えて軽くもみ洗いし、巻きすにあげ、両端を持ち上げ、締めるようにして水気を抜き、元の状態の大根おろしにしておく。

作り方

①アジは小麦粉をハケで軽目に塗り、180℃の植物油でキツネ色になるまでカラリと揚げる。水気が多く煮過ぎると身が崩れやすいので慎重に。

②青ネギは根株部を切り取り、3㎝幅に切りそろえる。

③ゆずは皮と白い部分を除き、長さ3㎝の千切りにする。

④レンコン、ニンジンは一口大の乱切りにし、塩少々を振り、水気を拭き小麦粉を少しはたき、素揚げにする。

⑤煮汁を煮立てた鍋に①と④を入れ、4～5分煮た後、大根おろしを加えて煮て、煮立ってきたら青ねぎを加えしんなりとしてきたら一度を味見をして、再度煮立てて器に盛り込む。

材料（4人分）

- ・アジ……………中4尾（1尾100g）
- ・ダイコン………直径10㎝を約20㎝
- ・青ネギ……………………………2本
- ・ゆず…………………………2分の1個
- ・タカノツメ………………………1本
- ・レンコン………………………100g
- ・ニンジン…………………………50g
- ・小麦粉…………………………適量
- ・揚油（植物油）…………………適量
- ・塩…………………………………少々

■煮汁の材料

（ア）
- ・だし汁……………200ml
- ・酒…………………150ml
- ・みりん……………50ml
- ・砂糖………………小さじ1

- ・薄口しょうゆ……………50ml
- ・塩…………………………少々

■作り方

小鍋に（ア）を取り、一度煮立てて薄口しょうゆを加えて火を止める。味見をして、塩を足す。

小田巻風蒸し《おだまきふうむし》

縁起の良い食材を姿、形のまま使うほど料理の格が上がることから、「おせち料理」はいただく時に少々手間が掛ります。お正月くらい台所仕事から解放されたいという方も多いようで、市販のおせち料理は、豪華で、濃い目の味付け、傷みにくく、冷たい料理が主となります。そこで今回は、温かく、さっぱり味で、のど越しも消化も良い「小田巻蒸し」を紹介します。小田巻は当て字で、本来は「苧環《おだまき》※」と書き、おめでたい席には欠かせない料理の一つです。

作り方

①ボールに卵をほぐし（ア）、調味料（A）を別のボールでよく

※注　苧環：観賞用植物のことであるが、紡いだ麻糸を玉のように巻いた苧環に似ているところからの名。玉のように巻いた（うどんを渦巻状にした）

混ぜ、(ア)と一緒にしてさらによく混ぜ、一度裏ごし器に通し、泡を除く。
②ホウレン草は塩を少し入れてゆがき、冷水に入れ、水気を絞って4等分に切りそろえる。
③ユリネはきれいに洗い、底にV字型の切り込みを入れ、1枚ずつはがし、半透明にゆがき、薄口しょうゆと酒(1対1)を軽く振りかけ、下味をつける。
④ギンナンは殻を取り小鍋でさっとから煎りして、湯をかぶるくらい入れ、木じゃくしで混ぜながら薄皮をはがし、おかあげしておく。
⑤ゆずは、皮の部分を薄く切り取り、幅5㎜×長さ1㎝に切り、冷水に放ち、すぐに取り出す。三つ葉は適宜に切り、仕上げに飾る。
⑥かまぼこは、人数分に切りそろえる。
⑦うどんを碗の底に渦巻状に置き、ホウレン草を添え、アナゴのかば焼きなどその他の材料を手抜きせずきれいに配置し、上から①を静かに流し入れ、熱した蒸し器に入れ、羽二重の状態に仕上げる。
※メモ①溶き卵にうどんだし汁を1対3の割合で混ぜ、吸い物よりやや濃いめに味を調え、泡を除き、火加減を調節して羽二重(はぶたえ)蒸しにして熱いうちに供します。具材は好みのものを使い、量も加減します。蒸し温度は85～90℃を保つため、ふたをずらしたり強火にして温度調節します。
※メモ②羽二重蒸しは、材料を「羽二重こし」(裏ごし器にガーゼを二重に載せて肌よりも細かくこすこと)にして口当たりを非常に柔らかくした蒸し物です。

材料(4人分)

・アナゴのかば焼き	2本
・ホウレン草	1株
・ユリネ	1個
・ギンナン	12個
・ゆず(黄)皮	1/2個
・三つ葉	2本
・かまぼこ(紅白)	1枚
・うどん(ゆで)	1玉
・卵	4個

■調味料

(A)	・だし汁	720ml
	・みりん	小さじ2.5杯
	・塩	小さじ1/2杯
	・薄口しょうゆ	1と2/3杯

蕪と鯛の柔か煮《かぶとたいのやわらかに》 カニ身餡かけ《かにみあんかけ》

蕪《かぶ》は、菘《すずな》ともいい、春の七草の一つで邪気払いとして使います。主に生食には小蕪、千枚漬けには大蕪と形状別に使い分けます。また、肉質は緻密で柔らかく甘みがあり、応用が利く鯛のおいしさは、冬から春の桜鯛、紅葉鯛（秋）、麦わら鯛（産卵後味は劣る）が年間を通じ、旬無しのおいしさを誇ります。昔より、鯛と蕪は相性の良さから〝冬の出合い物〟の代表です。今回は、「蕪と鯛の柔か煮カニ身餡かけ」を紹介しましょう。

下ごしらえ

❶蕪は茎の根元を2㎝ほど残して切り、竹串で茎周りの汚れ

を取り除き皮ごと4つ割にし、葉は塩を少し入れてゆがいて水に放ち、長さ4㎝に切る。
❷鯛は一口大に切り、塩少々を入れた熱湯でさっとゆがき、水で洗いウロコや小骨を除いておく。
❸トマトは包丁目を少し入れ、お湯に浸し、皮を除いておく。
❹ワカメは水に浸して戻しておく。

作り方

①鍋に（A）を取り煮立て、①の蕪を入れ煮立て、中火くらいで煮て、アクを取り除き②の鯛を加える。
②7〜8分煮て、蕪が柔らかくなりすぎないくらい煮て深めの器に取って温めておく。
※蕪を煮る時間は大きさにより差があります。
③鯛はそのまま煮て、カニ身、ワカメ、蕪の葉、蕪を再び加えてひと煮立ちさせ、味を好みに仕立てる。
④深めの鉢に鯛、蕪、蕪の葉、プチトマトを盛り、煮汁の中に水溶き片栗粉を加えて、トロリとさせ、上からかけ、柚子の皮の千切りを天盛りとして熱いうちに供する。

材料（4人分）

・中蕪 ……………… 4〜6個
・鯛切り身 ……………… 250〜270g
・カニ缶詰 ……………… 身100g
・ワカメ ……………… 10g
・プチトマト ……………… 8個
・柚子（黄）皮 ……………… 1個分
・蕪の葉 ……………… 4人分

■かけ餡

（A）
・だし汁 ……………… 2.5カップ
・みりん ……………… 大さじ4
・砂糖 ……………… 小さじ1
・薄口しょうゆ ……………… 大さじ4
・カニ缶汁 ……………… 残り全部
・片栗粉　大さじ1（水は同量）

■かけ餡は
①ボールに（A）を入れ混ぜ合せておく。
②片栗粉は出来上がり時に溶いて入れる。

牛《ぎゅう》バラ肉《にく》と野菜《やさい》、果実《かじつ》の煮合《にあ》わせ

牛は、食として扱う場合は「ギュウ」と発音して使うのが一般的です。また、煮物は全て漆器碗《わん》に盛るのが決まりでしたが、近年では煮物の替わりとして蒸し物が献立に登場し、過熱面、保管面、お手入れに手間が掛る陶磁器を用いるようになりました。しかし、黒無地塗り漆器に盛ると食材が際立ち、日本人として〝至福の喫食時〟を味わえるので、伝統文化として永久に使われると信じます。味わいの当たりがまろやかで、おもてなしには格好です。

下ごしらえ

牛バラブロック肉を5㎝の角切りにして鍋にたっぷりの水を張り、昆布をからぶきして加え、炭酸大さじ1を加えて煮立て、丁寧にアクを除きながら竹串が通るくらいにゆでる。一度、水で洗い流しておかあげにする。絹サヤは、塩を加えてさっとゆがいておかあげにする。

作り方

①煮汁（A）に下ごしらえの終わった牛肉を入れ、スライスショウガを加え、煮立ったら小泡が立つくらいの火加減で煮る。
②通常なら最後まで煮るが、火から外し、そのままに煮含める。その方が、丁度良い形と柔らかさを保てる。
③冷まし味を煮含ませてからまた煮立てる。これを再度繰り返すと、硬い肉をまったりおいしく煮含められる。汁気がほとんどなくなるくらいが良いが、焦がさないよう注意を。
④レンコンは皮をむき、水に酢を加えてアク止めし、穴の中もきれいにして一口大の乱切りにする。
⑤ニンジンは好みの形に切る。
⑥リンゴも櫛《くし》型に切りそろえる。④、⑤は好みの形に切るが、1個ずつは同じ重さに切ることが大切で、仕上がりに差が出る。
⑦煮汁（B）に④、⑤、⑥を加え、歯ごたえを少し残した状態で味を整え、絹サヤを加え一煮立ちさせ、一つの盛り鉢に盛り込めば出来上がり。

材料（4人分）

- 牛バラブロック肉 …………… 400g
- 昆布 …………………… 15㎝角1枚
- レンコン………………………… 1節
- ニンジン ………………… 中1本
- リンゴ…………………………… 中1個
- 絹サヤ ………………………… 8枚
- 炭酸 ……………………大さじ1
- 酢 ………………………大さじ1

■牛バラ肉の煮汁

（A）
- だし汁 ………… 2.5カップ
- みりん …………… 50ml
- 薄口しょうゆ ……… 50ml
- 酒 ……………… 100ml
- スライスショウガ …… 40g

①ショウガを除いて、鍋に煮汁(A)を用意しておく。

■野菜果実の煮汁

（B）
- だし汁 …………… 2カップ
- みりん …………… 50ml
- 薄口しょうゆ ……… 50ml

あとがきに代えて

室山 哲雄

本書を手に取っていただき、ありがとうございます。

お読みいただいたみなさまに、私の調理師人生を振り返り、本書に込めた思いを少し書かせていただきあとがきに代えさせていただきたいと思います。

私の母であり、本山学園の創設者・本山アキエは、先の大戦の敗戦の教訓から「日本の復興は食にあり」と考え、１９６８年（昭和43年）10月、現在の岡山市北区本町に割烹学院を開設しました。学院で多くの子弟を育て、学ぶ人たちも増えはじめ、少し手狭になったこともあり同市北区新西大寺町に移転し、2階を料理学校に、１階を昼食主体のレストランにしました。そしてこのレストランを私に任せてくれました。

そのころ岡山では、ある食品メーカーの料理学校部門が進出してきたこともあり、教室の企業化が進み、人間教育を伴った技術指導は軽視されがちになりました。一方で、私どもの料理学校には調理師養成講座開設の依頼があり、これを受けるか否かで学院では真剣な検討が行われたことを覚えています。

当時、若者の調理技能者が不足している状況でもあったので、私たちは調理師養成施設の開設に着手しました。私は大阪の調理師養成施設に入校し、調理師としてスタートを切ることとなりました。卒業後に同校に就職し、調理師養成施設のイロハを学び、在校生の指導はもとより生活面の世話なども学びました。

その後岡山に帰り、調理師養成施設「旧西日本調理師学校」開設に携わり、今日に至っております。１９６８年（昭和43年）10月のことでした。

私自身は、はじめから調理師になろうと思っていたわけではなく、実は将棋の棋士や競馬のジョッキーなどへのあこがれ、興味があったのですが、周囲から反対され、自分に与えられた道は調理師だけでした。しかし、今から思えば、これが私の天職だったのかもしれません。

わが国において、「調理師」という呼称は都道府県知事から調理師免許を受けた者だけが用いることができます。調理師免許を取得するためには2つの方法があります。

①厚生労働大臣指定の調理師養成施設で必要な知識・技能を修得し卒業する

②2年以上の実務経験の後、都道府県が行う調理師試験に合格する

私は、調理師免許取得以前に、神奈川県河津町にある割烹旅館今井荘で、和食中心の業務に従事し、さらに和・洋・中の技術習得のために他店でアルバイト兼研修を重ねました。一方で自営の「瀬里奈」というお店を経営しました。

調理師養成施設の運営が本格化してからは、仕事の傍ら各料理の研修を深め、時間と経済事情が許す範囲で食べ歩きや海外研修に出かけ、勉強を兼ねてテレビ出演や地元新聞社に料理記事を執筆しました。

生徒指導するためには、調理技術だけでは十分といえません。食全般についての知識が必要だと思い、夜間に教室で調理指導し、昼間には短大に通い、栄養士、管理栄養士の資格を取得しました。こうしたことで料理の幅を広げ奥行き深めようと心がけました。

本山学園グループの創立者で西日本調理製菓専門学校の本山アキエ理事長・校長は、地元の山陽新聞社から『たのしいお菓子づくり』『たのしい精進料理』などを出版しておりました。読者にもたいへん好評で、学校としても教材として活用していました。自分でも機会があれば出版してみたいと思っていました。

そんな思いをずっと持ち続けていたこともあり、10

数年前から始めていた生活情報紙に連載していた料理コラムがちょうどひと区切りついたのを機会に、その連載をもとに一冊の本にまとめることにしたのです。それが本書です。

料理を作り、後片付けまでやることは、たいへんな作業です。まず献立を決め、材料を調達し、下ごしらえをやり、調理の段取り通り、時間内に仕上げ、食卓の配膳、喫食をします。この後、後片付けまでテキパキとこなすわけですが、この中の一部をお手伝いする人、食べるだけの人、いろいろいるでしょう。これを全員でやればいろいろの知識が得られます。食事中のマナーをはじめ魚の鮮度（生きのいい悪いの見分け方）、野菜の保存方法や茹で卵の作り方、おいしいお茶のいれかた、器の洗い方、火加減、塩加減……などなど。

朝の忙しいときは難しいかもしれませんが、土・日・祭日に、家族全員で、レシピを声に出して読むことで、料理をつくる人に対する感謝の念が生まれます。家族としての楽しさが生まれるかもしれません。

かつてはプロの料理人になろうとする人は、専門店に弟子入りし、料理に関する事柄を、叱られ、怒鳴られ、見様見真似で覚えていくのが普通でした。ずいぶん辛抱を強いられていたわけです。

今日では、厚生労働省認可の調理師学校で科学的根拠に基づいた調理技術を速やかに修得できるようになっています。

具体的な内容としては、入学をすれば技術水準をどのあたりまで指導するか、何をどれくらい教えるか、だれがどんな順序で教えるか、カリキュラムはどんな時間割にしているのか。

知識、技術、技能、能力、人間性がすぐれた成績を上げたものに対し、調理師免許、製菓衛生師受験資格が与えられます。実社会へ巣立つまでをお手伝いして、そのなかには、在学中に全国レベルのコンクールでメダルを獲得する者もいれば、卒業後料理長として腕をふるう者や経営者となる者もいて多彩です。

在学中に将来の目標を定め、何歳までにこうする、そのためならこうする、将来計画を立てる。それがプロになるための条件ではないでしょうか。

この間、平成18年12月11日に本山流精進料理二代目襲名並びに清徳道場（清徳塾）館主を高野山上池院の田島聖章氏より認定され、襲名証明免許証を清徳塾館主・本山清徳氏より任じられました。

認証

室山哲雄殿

本山流精進料理二代目襲名並びに
清徳道場(清徳塾)館主を認証する

平成十八年十二月吉日
高野山上池院 田島聖章

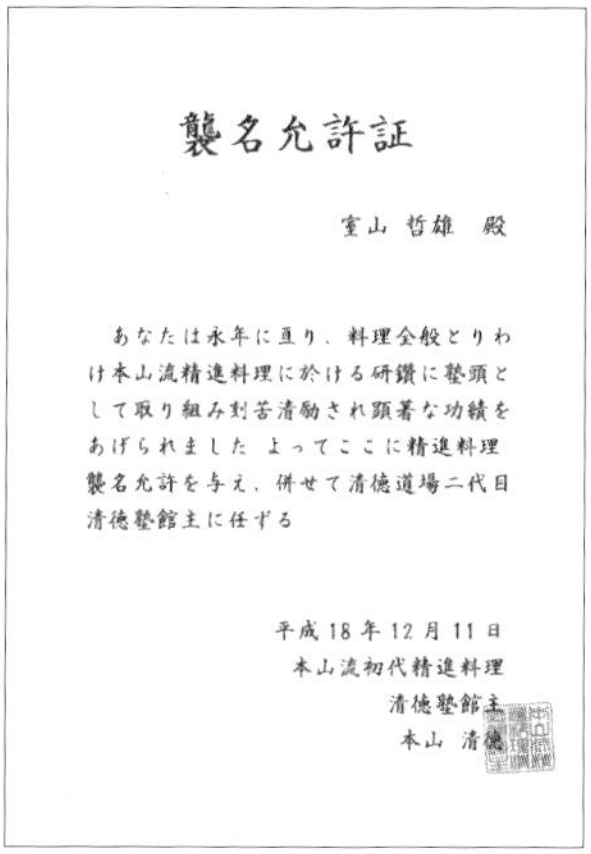
襲名允許証

室山 哲雄 殿

あなたは永年に亘り、料理全般とりわけ本山流精進料理に於ける研鑽に塾頭として取り組み刻苦清励され顕著な功績をあげられました よってここに精進料理襲名允許を与え、併せて清徳道場二代目清徳塾館主に任ずる

平成18年12月11日
本山流初代精進料理
清徳塾館主
本山 清徳

「料理」とか「調理」とか文字にすればたったの2文字ですが、有史以来先人たちのたゆまぬ努力の積み重ねによる一品料理の中に、有形無形の貴重な財産が込められています。こうした先人たちの成果であることを忘れ、あたかも作り手の自分が努力と知恵と工夫で料理を編み出したように錯覚してしまうことがままあります。しかし、調理の道に進む者は、こうした先人たちの知恵と工夫に学び、正面から向き合うことが必要です。

今では年間を通じ食材についてはほとんどのものが豊富に店頭に並び、大変便利になりました。半面、魚介・野菜・果物について季節感が薄れ、「旬」という感覚は希薄となりました。料理用語として使っていた「走り」「盛り」「名残」といった言葉も、一般会話にはあまり登場しないようになったようです。

連載したコラムでは、そういった点に焦点を当てた献立作りを心がけましたが、さて、どの程度伝わったでしょうか。「料理の間」や「匂い・香り」と「味」は写真や文字では読み取れない、伝えられないものです。そこは頭で考え、想像していただき、臨場感や時間的感覚、美意識やリズム感など料理ハーモニーとして感じ取っていただければと思い、本書がその一助になればと願っています。

このたび、吉備人出版から『四季ごよみ食彩』という書名で出版をいたしました。

出版に際しまして、作品づくりに協力を戴きました学校法人本山学園西日本調理製菓専門学校・長石誠講師、山田賢作講師、資料・文献等収集に協力をして戴いた春名弥生諸氏に対し、紙面を借りまして感謝の意を表し、御礼を申し上げます。

また、作品に対し、写真撮影に時間をさいて戴いた学校法人本山学園岡山医療専門職大学事務方広報撮影班チーム、安本昌貴氏、松本知氏、徳山陽介諸氏に、同じくお礼を申し上げる次第です。

尚、作品に対するご意見等おきかせ下されば幸甚に存じます。

２０２０年　夏

参考文献

『広辞苑 第六版』新村出編、岩波書店
『総合調理用語辞典』社団法人全国調理師養成施設協会
『つきぢ田村の隠し味３６５日』田村隆、白水社
『日本の食材帖』主婦と生活社
『常用字解 第二版』白川静、平凡社
『すしが楽しい字源・語源』原田幹久、日本教育研究センター
『暮らしのことば 新語源辞典』山口佳紀編、講談社
『世界大百科事典全巻』平凡社
『学研学習用例漢和辞典 改訂第二版』加納喜光編、学研プラス
『プロのためのわかりやすい日本料理』畑耕一郎、柴田書店
『小宴会の料理と献立―新しい日本料理』志の島忠、旭屋出版
『オールガイド五訂増補食品成分表』実教出版

著者プロフィル

室山哲雄（むろやま・てつお）

昭和16（1941）年5月4日生まれ。昭和43（1968）年西日本調理師学校を設立以来、西日本調理製菓専門学校、岡山医療技術専門学校、インターナショナル岡山歯科衛生専門学校、通所介護施設「あいざたっち」などの設立にかかわる。平成18（2006）年学校法人本山学園理事長・校長に就任。令和２（2020）年岡山医療専門職大学の設立などに尽力し、現在は同学園常勤顧問。趣味は旅行、食べ歩き。

四季ごよみ食彩

2020年11月28日　発行

著者　室山哲雄

発行　吉備人出版

〒700-0823 岡山市北区丸の内2丁目11-22
電話 086-235-3456　ファクス 086-234-3210
ウェブサイト www.kibito.co.jp
メール books@kibito.co.jp

印刷　研精堂印刷株式会社

製本　日宝綜合製本株式会社

ISBN978-4-86069-636-8　C0077